王毅注譯
黃俊郎校閱

新譯新語讀本

三民書局印行

國立中央圖書館出版品預行編目資料

新譯新語讀本／王毅注譯.--初版.--
臺北市：三民，民84
面；　公分.--(古籍今注新譯叢書)
ISBN 957-14 2170-7 (精裝)
ISBN 957-14-2171-5 (平裝)

1.新語—注釋

122.111　　84003638

© 新譯新語讀本

注譯者　王　毅
校閱者　黃俊郎
發行人　劉振强
著作財產權人　三民書局股份有限公司
臺北市復興北路三八六號
發行所　三民書局股份有限公司
地　址／臺北市復興北路三八六號
郵　撥／〇〇〇九九九八—五號
印刷所　三民書局股份有限公司
門市部　復北店／臺北市復興北路三八六號
重南店／臺北市重慶南路一段六十一號
初　版　中華民國八十四年八月
編　號　S 03087①
基本定價　肆元肆角
行政院新聞局登記證局版臺業字第〇二〇〇號

ISBN 957-14-2170-7 (精裝)

刊印古籍今注新譯叢書緣起

劉振強

人類歷史發展，每至偏執一端，往而不返的關頭，總有一股新興的反本運動繼起，要求回顧過往的源頭，從中汲取新生的創造力量。孔子所謂的述而不作，溫故知新，以及西方文藝復興所強調的再生精神，都體現了創造源頭這股日新不竭的力量。古典之所以重要，古籍之所以不可不讀，正在這層尋本與啟示的意義上。處於現代世界而倡言讀古書，並不是迷信傳統，更不是故步自封；而是當我們愈懂得聆聽來自根源的聲音，我們就愈懂得如何向歷史追問，也就愈能夠清醒正對當世的苦厄。要擴大心量，冥契古今心靈，會通宇宙精神，不能不由學會讀古書這一層根本的工夫做起。

基於這樣的想法，本局自草創以來，即懷著注譯傳統重要典籍的理想，由第一部的四書做起，希望藉由文字障礙的掃除，幫助有心的讀者，打開禁錮於古老話語中的豐沛寶藏。我們工作的原則是「兼取諸家，直注明解」。一方面熔鑄眾說，擇善而從；

一方面也力求明白可喻，達到學術普及化的要求。叢書自陸續出刊以來，頗受各界的喜愛，使我們得到很大的鼓勵，也有信心繼續推廣這項工作。隨著海峽兩岸的交流，我們注譯的成員，也由臺灣各大學的教授，擴及大陸各有專長的學者。陣容的充實，使我們有更多的資源，整理更多樣化的古籍。兼採經、史、子、集四部的要典，重拾對通才器識的重視，將是我們進一步工作的目標。

古籍的注譯，固然是一件繁難的工作，但其實也只是整個工作的開端而已，最後的完成與意義的賦予，全賴讀者的閱讀與自得自證。我們期望這項工作能有助於為世界文化的未來匯流，注入一股源頭活水；也希望各界博雅君子不吝指正，讓我們的步伐能夠更堅穩地走下去。

新譯新語讀本 目次

刊印古籍今注新譯叢書緣起
導讀……一
卷上
道基第一……一
術事第二……一三
輔政第三……三〇
無為第四……三六
辨惑第五……四二
慎微第六……五三

卷下

資質第七……六三
至德第八……七一
懷慮第九……七九
本行第十……八七
明誠第十一……九四
思務第十二……一〇二

導讀

秦朝只有十五年，就在各地英雄豪傑紛紛起義的浪濤衝擊下覆滅了。劉邦取得政權，登上了由秦始皇始創的皇帝寶座，是為漢高祖。但強大的秦卻是短命的王朝，不得不使劉邦深慮：必須從理論上總結封建統治的根本經驗和教訓，以強化倫理綱常及其統治秩序，俾能鞏固自身的政權。史載高祖劉邦曾對陸賈說：「試為我著秦所以失天下，吾所以得之者何，及古成敗之故。」❶陸賈正是順應此一歷史要求，寫出了流傳至今的《新語》。

當然，漢高祖並不是一開始就體認到總結歷史經驗的重要性，他原本重武而輕文，尤其輕薄《詩》、《書》，藐視儒生。他罵酈生為「豎儒」，憎恨叔孫通服儒服。《史記・酈生陸賈列傳》載：沛公麾下騎士謂酈生曰：「沛公不好儒，諸客冠儒冠來者，沛公輒解其冠，溲溺其中。與人言，常大罵。未可以儒生說也。」其不好儒，可謂無以復加。陸賈追隨劉邦平定天下，因功拜為太中大夫。「陸生時時前說稱《詩》、《書》，高帝罵之曰：『迺公居馬上而得之，安事《詩》、《書》？』陸生曰：『居馬上得之，寧可以馬上治之乎？且湯、武逆取而以順守之，文武並用，長久之術也。

❶《史記・酈生陸賈列傳》。唯「故」依《漢紀》。

昔者吳王夫差、智伯，極武而亡；秦任刑法不變，卒滅趙氏。鄉使秦已並天下，行仁義，法先聖，陛下安得而有之？』高帝不懌而有慚色」（《史記・酈生陸賈列傳》）。看來是經過陸賈的勸諫，劉邦才改變態度的。等到陸賈《新語》書成，「每奏一篇，高帝未嘗不稱善，左右呼萬歲，號其書曰《新語》。」（《史記・酈生陸賈列傳》）可見《新語》深得劉邦賞識，蓋前此固所未聞也。正如齊樹楷在《史記意》意中所說：「為國者須雜許多方面人而擇用之，有一不備，必偏至而終歸於敗。秦人於統一之後，仍以氣吞宇內者行之，不再傳而遽斬。漢有天下，高帝嫚儒已甚，陸賈一言，即知馬上守之之不當；酈生謂不宜倨見長者，猶一時事耳。自陸賈《新語》一奏，而興亡之概，了然胸中，所謂天授者也。」

《新語》不僅深受劉邦的贊許，甚至改變了他對儒生、儒學的看法，達到「書成主悟」的目的。也為歷來文人所重視，對後代產生了深遠的影響。

兩漢時期，司馬遷、揚雄、班固、王充、孔融等都給予《新語》以相當高的評價。王充曾作《問孔》、《刺孟》，歷詆古今，而獨獨推重《新語》，他在《論衡・案書》中寫道：

> 《新語》，陸賈所造，蓋董仲舒相被服焉；皆言君臣政治得失。言可采行，事美足觀，鴻知所言，參貳經傳，雖古聖之言，不能過增。陸賈之言，未見遺闕；而仲舒之言雩祭可以應天，土龍可以致雨，頗難曉也。

把陸賈抬到「古聖」的高度。甚至還有人進行模倣，「劉向省《新語》而作《新序》，桓譚詠《新序》而作《新論》。」（《晉書・陸喜傳》）可知《新語》當時的影響是相當大的。

魏晉南北朝時期的潘岳、陸機、陸喜、劉勰，隋、唐、宋時期的李軌、顏師古、李善、黃震、王應麟等對《新語》都有過研究。李善注《文選》，有幾十處引用《新語》文以為據。

元明清三代，研究、整理、翻刻《新語》的人倍增，諸如楊維楨、胡助、錢福、都穆、胡維新、范大沖、歸有光、查慎行、閔景賢、臧琳、王謨、周廣業、章學誠、嚴可均、周中孚、戴彥升、宋翔鳳、譚獻、唐晏及近人余嘉錫等，不可盡數。其中雖有人對《新語》的真偽表示懷疑，而對《新語》的贊譽，卻是眾口一詞。明代都穆為李廷梧校刻《新語》所作的〈跋〉說：「昔人謂文章與時高下，質而不俚，必曰先秦、西漢，此書殆其一也。」可為代表。

一本僅萬餘言的小冊子，其影響何以如此之大？研究整理者為何代不乏人？贊美之聲孰能連綿不斷？究其原因，當然是《新語》本身所具有的價值和特色。

第一，《新語》提出了重人事、輕天命和重今輕古等進步的思想。

《新語・道基》說：「天生萬物，以地養之，聖人成之，功德參合，而道術生焉。」這是陸賈對整個世界的總的看法。由此可見，他所說的「道」是由天、地的自然法則和所謂聖人的功德這三部份（實為自然與前人的經驗兩部份）所構成的，前二者主要體現為萬物生長和活動的規律，如《新語・道基》說：「跂行喘息，蜎飛蠕動之類，水生陸行，根著葉長之屬。」又說：「蓋天地相承，氣感相應而成者也。」就是用天地間陰陽二氣的交感的自然規律來解釋萬物的生成。至於國家的興亡、社會的盛衰，他認為都取決於統治者的行為，即人道，與天地自然之道無必然聯繫。《新語・明誠》說：「堯舜不易日月而興，桀紂不易星辰而亡。天道不改而人道易也。」又說：「故世衰道亡，非天之所為也，乃國君者有所取之也。」因此，統治者「持天地之政，操四海之綱，屈申不可以失度，動作不可以離道」（《新語・明誠》）。這是繼承戰國時荀況《荀子・天論》中所闡述的天人相分的思想，是一種較進步的觀點。

不過，陸賈又與荀況的思想稍有不同。荀子是完全排除天人感應之說的，陸賈則認為「氣」能溝通天和人，能和政治發生聯繫，「氣」和政治能相互影響，相互作用。《新語・明誠》說：「惡政生於惡氣，惡氣生於災異。蝮蟲之類，隨氣而生，虹蜺之屬，因政而見。治道失於下，則天文度於上，惡政流於民，則蟲災生於地。」這大概是因為他著書本是為了向漢代統治者提出鑑戒，故有意給天道增加一點權威性，以免統治者無所畏懼。但陸賈仍與一般持「天人感應」說的士大夫不同，他雖然也講「災變」，但主要是強調人對自然的作用和影響，認為這種作用、影響可以通過「天文」表現出來，聖人應該根據這種表現來制定「人道」、「王道」，「承天地之明，正日月之行，錄星辰之度，因天地之利，等高下之宜，設山川之便，平四海，分九州」（《新語・明誠》），而建功立業。這和春秋戰國乃至漢初的一些陰陽家和儒者把「天」說成是主宰萬物之神是明顯不同的。也可能是陸氏擔心人們把他的思想與陰陽家讖緯說混為一談，因此他旗幟鮮明地批判了讖緯學說，指責他們不學「聖人之道」，「乃論不驗之語，學不然之事，圖天地之形，說災變之異」，「指天畫地，是非世事，動人以邪變，驚人以奇怪」，實際上又「不可以濟於厄而度其身」（以上見《新語・懷慮》）。從理論上說，這是把天人交感之說根本取消了，只是留下了一點假天以警人的教戒而已。

在具體論及人道時，陸賈也提出了一些可取的觀點。他有關古與今的關係的看法，即其一例。像許多受儒家思想影響的人一樣，陸氏也常以行仁義、法先王為言，陳說古事，每引堯舜的行事及經文以證成其義，《春秋》、《論語》，見采尤多，甚至強調到「萬世不易法，古今同紀綱」（《新語・術事》）的地步。但陸氏的可貴之處是他重古而不泥古，甚至反對「重古輕今」，反對「淡於所見，甘於所聞」（同上），指出那種「以為自古而傳之者為重，以今之作者為輕」（同上）的思想只是「世俗」之見。強調應該重視近今的問題，《新語・術事》說：「善言古者合之於今，能術遠者考之於近。……道近不必出於久遠，取其至要而有成。……書不必起仲尼之門，藥不必出扁鵲之方，合之者善可以為法。」事物的標準不在於「古」「遠」，而在於是否符合「道德」或「法則」，並能產生成效。由此可以看出，《新語》強調法先聖，效古法，是在於「著古成敗之故」，以匡正「馬上得天下」之言；而強調重視「近今」，則是發明帝王所以治天下之道。這種對古與今的關係的看法，從陸賈著《新語》的目的看來，兩者之間並無截然的界限，不論是提倡「法先聖」也好，或者是強調「重今」也好，都可以歸納到一點，那就是鞏固漢朝的政權，做到「逆取」而「順守」。這就需要使「古遠」能為「近今」所用，「因世而權行」（《新語・術事》），根據時世的變化而採取「權宜」「便利」的辦法，面對現實，切合實際地解決當世的問題。

此外，《新語》中在論及「人道」時，還有一些深刻的論述值得我們注意。例如：「夫進取者不可不顧難，謀事者不可不盡忠。」（《新語・術事》）「智者之所短，不如愚者之所長。」

（《新語・輔政》）「察察者有所不見，恢恢者何所不容。」（同上）「夫窮澤之民，據犂接耜之士，或懷不羈之才，身有堯、舜、皐陶之美。」（《新語・資質》）「事逾煩，天下逾亂，法逾滋而姦逾熾。」（《新語・無為》）「柔懦者制剛強。」（《新語・輔政》）這些論點，或總結正確的人生經驗，或揭示了事物的相對性和相反相承的關係，都是陸賈思想中閃亮的部份。

第二，《新語》提出「無為」的政治主張，對當時漢朝王室的穩定、發展，乃至整個社會經濟的繁榮，具有進步的意義和深遠的影響。

《新語》是應命之作，自然要回答劉邦提出的「秦所以失天下，吾所以得之者何」的問題。陸賈總結了秦朝所以失天下的原因：「秦以刑罰為巢，故有覆巢破卵之患。」（《新語・輔政》）那時，「事逾煩，天下逾亂，法逾滋而姦逾熾，兵馬益設而敵人逾多，秦非不欲為治，然失之者，乃舉措暴眾而用刑太極故也。」（《新語・無為》）因此，陸賈提出「君子握道而治，據德而行，席仁而坐，杖義而彊，虛無寂寞，通動無量」（《新語・道基》）、「夫道莫大於無為，行莫大於謹敬」（《新語・無為》）、「寂若無治國之意，漠若無憂民之心，然天下治」（同上）的政治主張。如果能夠推行這種「清靜無為」的政策，那麼國家將出現這樣的局面：

> 塊然若無事，寂然若無聲，官府若無吏，亭落若無民，閭里不訟於巷，老幼不愁於庭，近者無所議，遠者無所聽，郵驛無夜行之吏，鄉閭無夜名之征，犬不夜吠，烏不夜鳴，老者息於堂，丁壯者耕耘於田，在朝者忠於君，在家者孝於親。（《新語・至德》）

這真是一幅和樂恬靜的藍圖。為了達到這一勝境，陸賈提出了許多具體措施，諸如：統治者應「以仁義為巢」，強調朝廷要任賢選能，要重視「農桑之事」，反對貴族官僚奢侈淫靡的生活，反對神仙和長生不死之道，反對「深刑刻法」等等。

作者的這種理想帶有濃厚的烏托邦的色彩，在封建社會是不可能實現的。然而，它多少反映了一般民眾的願望和要求，經過長期戰亂後的人民渴望一種安定的生活和生產環境。《新語》適應這一要求，無疑具有積極的意義。《新語》代有翻刻，流傳不衰，人們正是看重這種作用。誠如明代都穆為李廷梧校刻的《新語》作〈跋〉時所言：

予同年李君仲陽，宰淛之桐鄉，嘗得其本，鋟之於木。昔人謂文章與時高下，質而不俚，必曰先秦、西漢，此書殆其一也。然則李君之行之者，豈直取其文辭之古？而其失得成敗之論，固有國有家者之當鑒也。

第三，《新語》注重融會貫通，博采眾家之長，開啟了漢代文化思想發展的道路。

陸賈在《新語・道基》中指出：人類的歷史經歷了先聖、中聖、後聖三個階段。先聖階段逐步擺脫茹毛飲血的原始狀況，規定了「人道」、「王道」。這是從伏羲開始，經過神農、黃帝、后稷，一直到禹。中聖階段是教化階段，「設辟雍庠序之教」，這是指文王、周公。後聖階段是進入了文明時代，「定五經，明六藝」，這是指孔子。這顯然是和儒家思想一脈相承，書中還多處直接引用《論語》、《孟子》的言論或觀點，可見《新語》是以儒家思想為主。故《漢書・藝文志》、《隋書・經籍志》都把它列入儒家，戴彥升〈陸子新語序〉有一段話對此作了概括的說明：

本傳言「時時前說稱《詩》、《書》」，而本書多說《春秋》，《穀梁》微學，藉以存焉。《論語》、《孝經》，亦頗見引，蓋所謂「游文六經之中，留意於仁義之際，祖述堯、舜，憲章文、武，宗師仲尼，以重其言」者，生書有以當之。

此外，《新語》中闡述的人類社會尊卑貴賤的綱常、等級秩序，和天高地卑一樣，都是自然法則，必須遵行的觀點；主張在位者要限制自己的欲望的觀點；注重對人民進行教化的觀點等等，都是比較典型的儒家思想。

《新語》開篇就引用「天生萬物，以地養之，聖人成之」，然後進行論述發揮，「功德參合，而道術生焉」。特別是書中繼〈輔政〉篇談「懷柔」之後，又闢專章論「無為」的政治主張，於〈思務〉篇稱引《老子》，顯而易見，《新語》亦深受黃老思想的影響。

《新語》雖一再強調道德仁義，提倡「德治」，反對「深刑刻法」，然書中又說：「若湯、武之君，伊、呂之臣，因天時而行罰。」(《新語・慎微》)「夫言道因權而立，德因勢而行，不在其位者，則無以齊其政，不操其柄者，則無以制其剛。」(《新語・辨惑》)「聖人執一政以繩百姓，持一概以等萬民，所以同一治而明一統也。」(《新語・懷慮》)意思是說，要以「罰」、「權」、「勢」、「位」、「柄」等等手段，達到「德治」的目的。這又說明《新語》中有法家的思想成分。

陸賈又以辯說的才能著稱於當世，似乎又受到縱橫家的影響。

正因為陸賈的思想帶有某種綜合的性質，後人在把陸賈歸入何種學派時，說法不一。劉歆大抵認為陸賈以正守國，以奇用兵，把陸氏歸入「兵權謀家」❷，《漢書・藝文志》則入「儒家」，司馬遷稱其為「辯士」，劉勰把他劃入「縱橫家」之列❸，《崇文總目》、《宋史・藝文志》說他是「雜家」。這正好說明陸賈博采眾家之學融會貫通，進行創造性思維，形成了富有時代精神的進步思想。他廣徵博引，兼收並蓄，使《新語》內涵十分豐富，有力地宣傳了自己的主張。同時，這也是對春秋以來「百家爭鳴」的一次總結，儘管這總結還不夠深入，但他為後人開闢了一條新的學術道路。漢代儒家總結先王的統治經驗，特別是秦亡的歷史教訓，強調封建統治秩序和主張社會改良而形成一股強大的社會思潮，可以說是沿陸賈之道而行進的。

第四，《新語》高超的寫作技巧也是人們喜歡的重要因素。

劉勰《文心雕龍・才略》稱「漢室陸賈，首發奇采，賦〈孟春〉而選典誥（孫詒讓《札迻》考證「典誥」當為「新語」），其辯之富矣。」王謨編《漢魏叢書》時總評《新語》：「韓非之書，傳在秦庭，始皇歎曰：『獨不得與此人同時。』陸賈《新語》，每奏一篇，高祖左右稱日萬歲。夫歎思其人，與喜稱萬歲，豈可空為哉？誠見其美，懽氣發於內也。」這裏稱「奇」贊「美」，固

❷《漢書・藝文志・兵書略》兵權謀家著錄「十三家二百五十九篇。」班固自注：「省〈伊尹〉、〈太公〉、〈管子〉、〈孫卿子〉、〈鶡冠子〉、〈蘇子〉、〈蒯通〉、〈陸賈〉、〈淮南王〉三百五十九種，出《司馬法》入《禮》也。」〈藝文志〉本劉歆《七略》，「刪其要以備篇籍」。凡《七略》兩載者，〈藝文志〉既刪之，可知劉歆把陸賈歸入兵權謀家。

❸《文心雕龍・才略》。

然也指思想內容，而其言辭形式、寫作藝術也必定包括在內。至於後來的唐晏《陸子新語校注・序》評《新語》「陳義極高，遣詞極雅，賈長沙乏其深純，董江都遜其麗則」之語，內容與形式並舉，是不用多說了。

思想和學問的傳播，要靠富有文采的辭章，「言之無文，行而不遠。」（《左傳・襄公二十五年》）《新語》不但反映了陸賈精湛的思想和淵博的學問，其語言之精煉、優美和含蓄，且講究對稱和韻律，也可說是漢代文章的典範。有些人喜歡《新語》，不見得都是推崇陸賈的思想，可能是為《新語》的文采所吸引。正因為書的文采足以動人，其思想也就易於被接受，易於傳播。黃震對書的作者表示懷疑，但不得不贊歎「此書組織以成文」（《黃氏日鈔・卷五十六》）。戴彥升讀完《新語》，也曾深深地發出贊歎：「綜其全書，誠孟堅所謂『從容風議，博我以文』者乎！」（《陸子新語序》）

《新語》寫作藝術，至少可以從以下兩個方面來欣賞：

其一，富有形象性。從文體分，《新語》當屬論說文體，其直接目的，是為了說服漢高祖。但陸賈不作一般性的抽象議論來說教，大多採用形象來感染。形象的感染力有時甚至超過邏輯的說服力。比如《新語・資質》說：

夫楩柟豫章，天下之名木，生於深山之中，產於溪谷之傍，立則為太山眾木之宗，仆則為萬世之用，……因於斧斤之功，舒其文彩之好，精捍直理，密緻博通，虫蝎不能穿，水濕不能傷，在高柔軟，入地堅彊，無膏澤而光潤生，不刻畫而文章成……。當斯之時，不知道傍之枯楊。纍纍結屈，委曲不同，然生於大都之廣地，近於大匠之名工，則材器制斷，規矩度量，堅者補朽，短者續長，大者治罇，小者治觴，飾以丹漆，斁以明光……。

文中塑造了兩種形象——楩柟和枯楊，表面上是說楩柟和枯楊因所處的地位不同，而有不同的遭遇，實際上作者是透過這兩種形象，說明有「萬世之術藏於心」（《新語・資質》）的賢能之士（以「楩柟」為喻），不被重用，而那些「公卿之子弟，貴戚之黨友（以「枯楊」為喻），雖無過人之才，然身在尊重之位」（同上）。對這種「任人唯親」的現象，作者用「楩柟」、「枯楊」形象進行了深刻地揭露。書中還借用大量的古代形象，來說明現實問題，諸如「指鹿為馬」、「曾母投杼」、「夾谷之會」（以上見《新語・辨惑》）、「孔子陳、蔡之厄」（《新語・本行》）。把抽象的邏輯推理用生動的故事、場面表達出來，讓邏輯的說服力與形象的感染力緊密結合起來，有哲理，亦有詩情畫意，言有盡而意無窮，給人以極其深刻的印象和強烈的感染力，這是極高的語言藝術。

其二，講究對稱和聲韻。議論文章運用形象，這在《論語》、《莊子》、《老子》中已大量出現，或不足為奇。而講究對稱和聲韻的文字之多，則可能首推《新語》了。

理論文章講究對稱之美、聲音之美、音節之美，使句子長短適度，聲調抑揚鏗鏘，可以大大增強文章的感染力，讀起來琅琅上口，有助於打動讀者，也便於流傳。正如嚴可均《鐵橋漫稿・卷五》評《新語》所指出的：「其辭皆協韻，流傳久遠。」《新語》一書，通體押韻，大多對稱。

如：

虐行則怨積，德布則功興，百姓以德附，骨肉以仁親，夫婦以義合，朋友以義信，君臣以義序，百官以義承，曾、閔以仁成大孝，伯姬以義建至貞，守國者以仁堅固，佐君者以義不傾……《新語・道基》。

世俗以為自古而傳之者為重，以今之作者為輕，淡於所見，甘於所聞，惑於外貌，失於中情……《新語・術事》。

故杖聖者帝，杖賢者王，杖仁者霸，杖義者強，杖讒者滅，杖賊者亡。故懷剛者久而缺，持柔者久而長《新語・輔政》。

讀起來真如聲出金石，鏗鏘悅耳。

從以上簡單的分析中可以看出，《新語》「敷陳其事」、麗則、對稱、押韻等特點，已接近於賦。賦是漢一代之文學，其淵源之一就是諸子問答和游士的說辭，而從諸子問答體和游士說辭到作為文學形式的賦之間，可以說是陸賈最先架起了連通的橋梁。所以，司馬遷視陸賈為「辯士」，劉勰稱之為「縱橫家」，唐晏贊其「麗則」，都是言而有據的。何況陸賈本身就從事過賦的創作，《漢書・藝文志・詩賦略》首錄「屈原賦之屬」，第二就是「陸賈賦之屬」二十一家二百七十四篇，陸賈賦三篇。若枚皋、朱建、莊忽奇、嚴助、朱買臣、劉辟彊、司馬遷、嬰齊、臣說、臣吾、蘇季、蕭望之、徐明、李息、淮陽憲王、揚雄、馮商、杜參、張豐、朱宇等人屬之，而以陸賈為初祖。可見班氏已確認了陸賈的開拓之功。《文心雕龍・詮賦》說：「秦世不文，頗有雜賦，漢初詞人，順流而作，陸賈扣其端，賈誼振其緒。」也肯定了陸氏在漢賦發展史上的首要地位。

關於陸賈的生平事跡，《史記・酈生陸賈列傳》及《漢書・酈生陸賈列傳》有較詳細的記載。陸賈，楚人也。《陸氏譜》載：「齊宣公支子達，食菜於陸。達生發，發生皋，適楚。賈其孫也。」《元和姓纂十一屋》：「陸，齊宣王田氏之後，宣王封少子通於平原陸鄉，因氏焉。漢太中大夫陸賈，子孫過江，居吳郡吳縣。」陸賈以客從漢高祖定天下，是個有名的辯士，居高祖左右，常使諸侯。曾出使南越，勸說趙佗稱臣奉漢，因功拜為太中大夫，專掌應對。在高祖面前常稱《詩》、《書》，故奉命作《新語》。到孝惠帝時，呂太后用事，欲王諸呂，陸賈自度不能爭之，乃稱病免職，避居陝西省乾縣，以詩酒歌舞為樂。呂太后時，諸呂專權，欲劫少主，危劉氏。陸賈與陳平合計，誅諸呂，立孝文帝，陸賈復為太中大夫，再使南越，後以壽終。

陸賈的作品，《漢書・藝文志・詩賦略》著錄陸賈賦三篇。〈諸子略〉載陸賈二十三篇，又〈六藝略・春秋〉中載「《楚漢春秋》九篇」，班固自注：「陸賈所記。」《後漢書・班彪傳》上：「漢興，定天下，太中大夫陸賈記錄時功，作《楚漢春秋》九篇。」據說司馬遷「據《左氏》、《國語》、采《世本》、《戰國策》，述《楚漢春秋》，接其後事，訖于大漢。」❹除《新語》十二篇流傳外，洪頤煊尚輯有《楚漢春秋佚文》，刻入《經典集林》卷十，餘皆不存。唯《文選》注、《太平御覽》、《意林》、《論衡》、《西京雜記》等偶有引文。

---

❹《漢書・司馬遷傳贊》。

最後想說說《新語》版本流傳演變的情況。

《史記・酈生陸賈列傳》載：「陸生迺粗述存亡之徵，凡著十二篇。……號其書曰《新語》。」又曰：「余讀陸生《新語》十二篇，固當世之辯士。」《漢書・陸賈傳》：「賈凡著十二篇，稱其書曰《新語》。」顏師古曰：「其書今見存。」《隋書》、新舊《唐書》、《意林》、《史記正義》引梁《七錄》俱云：「《新語》二卷，陸賈撰。」所稱卷數、篇數與今傳本俱合。唐《群書治要》卷四十選錄八篇。傳至宋代，黃震《黃氏日鈔》記《新語》十二篇，並述每篇作意，然稱「若賈本旨謂天下可以馬上得，不可以馬上治之意，十二篇咸無取焉，則此書似非陸賈之本真也」。同時人王應麟撰《玉海》及《漢藝文志考證》，並言《新語》只存〈道基〉、〈術事〉、〈輔政〉、〈無為〉、〈資質〉、〈至德〉、〈懷慮〉七篇，餘皆不存矣。然元末人楊維禎〈山居新話序〉則云：「漢有陸生，著書十二篇，號《新語》，至今傳之者，亦善著古今存亡之徵。」似不以宋人為意，王氏所見或係殘本。

至明代弘治間，莆陽李廷梧得十二篇足本，刻版於桐城縣治。據嚴可均考證，此後有姜思復本、胡維新本、《子彙》本、程榮、何鏜《叢書》本，皆祖李廷梧。其它尚有范大沖天一閣校刻本。選刻的有《諸子折衷》、《諸子彙函》、《諸子拔萃》、《百子金丹》、《漢魏別解》等。清人編《四庫全書》，在〈提要〉中以宋人之議為據，疑《新語》為偽書，嚴可均《鐵橋漫稿》卷五〈新語序〉、戴彥升《陸子新語序》、唐晏《龍溪精舍》校刊本〈新語校注跋〉、余嘉錫《四庫全書辯證》皆斥〈提要〉之訛。清人翻印《新語》，除《四庫全書》外，尚有王謨《漢魏叢書》本、宋翔鳳

《浮溪精舍叢書》本、唐晏校刊本等，亦多祖李廷梧。

近人王利器撰《新語校注》，堪稱是以往《新語》研究整理的總結，其彙集各家之說，頗為詳盡，為後來者提供了極大的方便。

今傳之《新語》，雖不是偽書，然在流傳、翻刻過程中，錯簡、漏簡、脫落、訛誤之處實屬不少，加之傳寫者妄有增改，更難說是本來面貌。《群書治要》選錄《新語》、李善注《文選》引《新語》、《太平御覽》所引《新語》與今傳本多有出入。如《群書治要》錄：「聖人因變而立功，由異而致太平。」今傳本《新語・思務》作：「聖人因天變而正其失，理其端而正其本。」《文選》應吉甫〈晉武帝華林園集詩〉注引《新語》：「義者，德之經，履之者聖也。」《太平御覽》九五七引《新語》：「賢者之處世，猶金石生於沙中，豫章產於幽谷。」今《新語》中皆無此文。如此者尚多，舉不勝舉。此次注譯，仍以明刊李廷梧本為底本，參校其它，疑者闕之，不敢臆定。所作注譯，除參考前人之說外，於近人王利器之《新語校注》亦有所吸取，特致謝意。由於原書缺誤較多，而本人學識有限，注譯或有未當，尚祈讀者指正。

王毅

一九九五年於長沙嶽麓山

卷上

道基第一

【題解】本篇藉天象地理以說明先聖製作之功。原本天地，歷敘先聖，終論仁義。意謂順應自然之道，施之以仁義，乃為治國之基本，故為第一篇。

傳曰❶：「天生萬物，以地養之，聖人成之。」❷功德❸參合❹，而道術❺生焉。

【章旨】此章藉傳言總敘道術的由來。

【注釋】❶傳曰　凡古書言「傳曰」者有二端：一則傳其言，一則傳其事，且多有文獻可徵者。此為前者，即傳聞。❷天生萬物三句　《荀子・富國》：「故曰：『天地生之，聖人成之。』此之謂也。」荀子與陸賈俱引是文，蓋皆有所本，引以明其義。❸功德　功業德化。❹參合　配合，謂聖人之功德與天地相配合。❺道術　術，亦道也，單舉之曰道，兼舉之則曰道術。古言道術，各有所指，不盡相同，一般指事理、規律。朱熹《中庸章句》：「道者，日用事物當行之理。」

【語　譯】古人說：「萬物由上天降生，由大地提供生存的條件，而聖人使它的功用得到發展。」聖人的功業德化與天地相配合，於是就產生了道術。

故曰❶：張❷日月，列星辰，序四時❸，調❹陰陽，布氣❺治性❻，次置五行❼；春生夏長，秋收冬藏❽，陽生❾雷電，陰成雪霜，養育群生❿，一茂一亡⓫；潤之以風雨⓬，曝⓭之以日光，溫之以節氣，降之以殞霜⓮，位之以眾星，制之以斗衡⓯；苞之以六合⓰，羅之以紀綱⓱，改之以災變⓲，告之以禎祥⓳，動之以生殺，悟之以文章⓴。

【章　旨】此章列舉多種自然現象，均有規律可尋。藉以說明聖人的功德與天地參合而「道術生焉」的道理。

【注　釋】❶故曰　古人之言「故曰」者有二端：一則引前人之語以成其章，一則就上文而推言之者。此章兼而有之。《淮南子・泰族》云：「天設日月，列星辰，調陰陽，張四時。」陸氏此章「故曰」以下四句，與《淮南子》當同出一源；而「布氣治性」以下，蓋陸氏推言之。❷張　張設，義近陳列。❸序四時　謂春夏秋冬四季代序。❹調　和諧；協調。❺布氣　布列自然界冷熱陰晴之氣。❻治性　調理萬物自然之性。❼五行　指金、木、水、火、土，古稱構成各種物質的五種元素。❽春生夏長二句　謂按自然規律辦事。《史記・太史公自序》：「夫春生、夏長、秋收、冬藏，此天道之大經也。」❾生　《意林》二引作「出」。❿群生　一切生物。⓫一茂一亡　繁茂，指春夏；衰亡，指秋冬。⓬潤之以風雨　謂萬物得風雨滋潤而成長。⓭曝　曝曬。⓮殞霜　降落之霜。殞，通「隕」。墜落。⓯斗衡　北斗的第五星，名玉衡。此泛指北斗。⓰六合　天地四方。⓱紀綱　即三綱六紀。《白虎通・三綱六紀》：「三綱者，何謂也？謂君臣、父子、夫婦也。六紀者，謂諸父、兄弟、族人、諸舅、師長、朋友也。」⓲改之以災變　謂天降災變，人君應悔過修德。⓳禎祥　吉兆。⓴文章　謂天文。

【語　譯】所以說：陳設日月，排列星辰，序列四季，協調陰陽；散布冷熱陰晴以調理萬物自然之性，按序配置五行；於是萬物在春天出生，在夏天成長，在秋天收穫，在冬天保藏；陽氣動而生雷電，陰氣聚而成雪霜；使萬物得以生息成長，或繁茂，或衰亡；以風雨潤澤萬物的氣息，以日光照射萬物的生長；以溫暖的節氣促使萬物奮迅而出，以寒霜控制萬物無休止的滋生；給群星安排適當的位置，以北斗星來制定方位；萬事萬物都包括在天地四方之內，以三綱六紀來結合人倫關係，以降災變來促使君主悔過修德，以現吉兆來表示國家的繁榮興旺；以天地有生殺之威動人，以天文的變化來使人警悟。

故在天者可見，在地者可量❶，在物者可紀，在人者可相❷。

【章　旨】此章為上章之總結，謂萬事萬物是可認知的。

【注　釋】❶在天者可見二句　謂天文地理皆可認識。《易・繫辭上》：「在天成象，在地成形，變化見矣。」韓康伯注：「象，況日月星辰；形，況山川草木也。」量，量度；審察；測定。❷相　視；觀察。

【語　譯】所以在天上的日月星辰可以看得見，在地上的山川草木可以測定得出，在物體上的錯綜複雜變化可以記錄，在人本身的男女老少美醜善惡可以觀察。

故地封五嶽❶，畫四瀆❷，規洿澤❸，通水泉；樹物養類，苞殖萬根❹，暴形養精❺，以立群生；不違天時，不奪物性❻，不藏其情，不匿其詐。

【章　旨】此章言順應萬物自然之性。

【注　釋】❶封五嶽　立五嶽。封，堆土。五嶽：東嶽泰山，南嶽衡山，西嶽華山，北嶽恆山，中嶽嵩山。❷四瀆　此指中國的四大河流：長江、黃河、淮河、濟水。唯濟水今不存，其故道本過黃河而南，東流至山東，與黃河並行入海，後下游為黃河所奪，惟發源處尚存。❸洿澤　池沼；沼澤。❹苞殖萬根　言萬物本由不同之根所生。苞，本也。❺暴形養精　顯露形狀以供養精氣。❻不奪物性　謂不改變萬物自然之性，順其自然。

【語　譯】所以在大地上立起五嶽，畫出四瀆，規劃沼池湖泊，疏通河流泉水。生長萬物，使以類相養，其本根各不相同。顯露各種形態以供養精氣，而成為各種各樣的生物。不違背天道運行的時序，不改變萬物的自然之性，不藏匿萬物的實情，不掩飾萬物的詐偽。

故知天者仰觀天文❶，知地者俯察地理❷。跂行❸喘息❹，蜎飛❺蠕動❻之類，水生陸行❼，根著葉長❽之屬，為寧其心而安其性，蓋天地相承❾，氣感❿相應而成者也。

【章　旨】此章言萬事萬物，都是由天地之氣交感而成的。

【注　釋】❶知天者仰觀天文　言認識天道的人能夠觀察天上日月星辰的文采。❷地理　山川物土。❸跂行　指走獸。❹喘息　本指呼吸急促，此指動物的呼吸。❺蜎飛　謂能飛行的小蟲。❻蠕動　蟲爬行貌。此指爬行的小蟲。❼水生陸行　謂水中生物及陸地上行走的動物。❽根著葉長　指草木。❾天地相承　言天地相互配合。承，通「丞」。輔佐。❿氣感　謂生物的氣機類同，彼此交感。

【語　譯】因此，懂得天道的人能夠仰觀天上日月星辰的文采，認識地道的人能夠俯察大地山河動植物的理則。有腳行走有嘴呼吸的野獸、能飛行或爬行的小蟲之類，水裏生物及陸地上行走的動物、靠根葉生長的植物之類，都讓它們安心安意並按照它們的自然性情而成長，這都是天地之氣相互感應的結果。

於是先聖❶乃仰觀天文，俯察地理，圖畫乾坤❷，以定人道❸，民始開悟❹，知有父子之親，君臣之義，夫婦之別❺，長幼之序❻。於是百官❼立，王道❽乃生。

【章　旨】此章謂先聖據天道而制王道。

【注釋】❶先聖　此指上古聖人伏羲等。《漢書・藝文志・六藝略》：「人更三聖，世歷三古。」〈注〉：「韋昭曰：『伏羲、文王、孔子。』孟康曰：『《易・繫辭》曰：易之興，其於中古乎。』然則伏羲為上古，文王為中古，孔子為下古」所謂三聖，即陸賈所言先聖、中聖、後聖。❷圖畫乾坤　謂作八卦。八卦以乾、坤為基礎。《易・繫辭下》：「古者包犧氏之王天下也，仰則觀象於天，俯則觀法於地，觀鳥獸之文，與地之宜，近取諸身，遠取諸物，於是始作八卦，以通神明之德，以類萬物之情。」❸人道　人類社會的組織原則，包括倫理道德、政教制度等。❹開悟　謂開通曉悟。❺別　本作「道」，依《子彙》本改。❻知有父子之親四句　謂人民懂得人類社會的道德規範。《白虎通・號》：「古之時未有三綱六紀，民人但知其母，不知其父，能覆前而不能覆後，臥之詓詓，行之吁吁，飢即求食，飽即棄餘，茹毛飲血，而衣皮葦，於是伏羲仰觀象於天，俯察法於地，因夫婦，正五行，始定人道，畫八卦以治天下，天下伏而化之，故謂之伏羲也。」❼百官　泛指眾官。❽王道　謂古帝王治理天下之道。

【語譯】於是上古聖人伏羲就仰觀天上日月星辰的文采，俯察大地山川草木的形狀，創造出八卦，用來制定人類社會的道德規範。人民因此開通曉悟，懂得了父子有親、君臣有義、夫婦有別、長幼有序的道理。這樣管理人類社會的各種官吏就設置起來了，古帝王治理天下的正道就產生了。

民人食肉飲血，衣皮毛；至於神農❶，以為行蟲❷走獸，難以養民，乃求可食之物，嘗百草之實，察酸苦之味，教民食五穀❸。

【章旨】此章謂神農氏開創農業，解決食的問題。

【注釋】❶神農　古帝名，古史亦稱炎帝、烈山氏。相傳始興農業。❷行蟲　凡動物皆謂之蟲，此與走獸對稱，則指毛蟲而外之裸蟲、羽蟲、鱗蟲、介蟲四族。❸乃求可食之物四句　《淮南子・脩務》：「古者，民茹草飲水，采樹木之實，食蠃蛖之肉，時多疾病毒傷之害。於是神農乃始教民播種五穀，相土地宜，燥濕肥墝高下，嘗百草之滋味，水泉之甘苦，令民知所辟就。當此之時，一日而遇七十毒。」

【語譯】遠古時代人民吃動物的肉，喝動物的血，以動物的皮毛為衣。到了神農氏，認為飛禽走獸難以滿足人民生活的需求，於是另外謀求動物之外的食物，他遍嘗百草，區分酸苦的滋味，告訴人民食用菽、麥、黍、稷、稻。

天下人民，野居穴處，未有室屋，則與禽獸同域❶，於是黃帝❷乃伐木搆材❸，築作宮室，上棟下宇❹，以避風雨。

【章旨】此章言黃帝教人築屋宇以避風雨。

【注釋】❶同域　謂人民與禽獸同居也。❷黃帝　傳說中的古帝王，居軒轅之丘，故稱軒轅氏。又居姬水，因改姓姬。國於有熊，故亦稱有熊氏。敗炎帝於阪泉，又與蚩尤戰於涿鹿之野，斬殺蚩尤。諸侯尊為天子，以代神農氏。有土德之瑞，故號黃帝。傳說蠶桑、醫藥、舟車、宮室、文字等之制，皆始於黃帝時。❸搆材　謂構架建築材料。搆，同「構」。架也。❹上棟下宇　《淮南子·氾論》：「上棟下宇，以蔽風雨。」高誘注：「棟，屋檼也。宇，屋之垂。」

【語譯】天下的人民，夏天則在野外居住，冬天則藏身洞穴，那時還沒有房屋，就只能與禽獸同居。於是黃帝就砍伐樹木，架設材木，修建房屋，上有棟梁，下有檐宇，以防禦風雨、猛獸的侵襲。

民知室居食穀，而未知功力❶，於是后稷❷乃列封疆❸，畫畔界❹，以分土地之所宜❺，闢土殖❻穀，以用養民，種桑麻，致絲枲❼以蔽形體。

【章　旨】此章言后稷發展農業，首創種植之法。

【注　釋】❶功力　猶今言人工、勞作。❷后稷　周的先祖。相傳他的母親曾欲棄之不養，故名棄。為舜農官，封於邰，號后稷，別姓姬氏。❸列封疆　謂設立疆界。❹畔界　即田界。❺分土地之所宜　謂考察土地適宜何種作物生長。❻殖　同「植」。❼枲　不結子的大麻。也作麻的總稱。

【語　譯】人民懂得了住房和食用穀物，但還不懂得生產。於是后稷就設立疆界，劃分田界，根據土地的不同情況，因地制宜，種植各類作物。用生產的糧食來養育人民。還栽種桑麻，並加工成絲帛衣服，用來掩形禦寒。

當斯之時，四瀆未通，洪水為害❶，禹❷乃決江疏河，通之四瀆，致之於海❸，大小相引❹，高下相受，百川順流，各歸其所❺，然後人民得去高險❻，處平土。

【章　旨】此章言大禹治水。

【注　釋】❶洪水為害　《孟子・滕文公上》：「當堯之時，天下猶未平，洪水橫流，氾濫天下。」❷禹　夏朝的開國君主，史稱大禹、戎禹。姒姓，鯀的兒子。相傳禹繼承鯀的治水事業，採用疏導的辦法，歷十三年，水患悉平。

❸致之於海 《孟子・滕文公上》：「禹疏九河，瀹濟、漯，而注諸海，決汝、漢，排淮、泗，而注之江，然中國可得而食也。」❹大小相引 謂引小流入大江，引江流歸大海，以小就大。❺百川順流二句 言大小河流順暢奔流，各自到達該去的地方。❻高險 高峭危險之處。

【語譯】在這個時候，中國四大河流不通，洪水泛濫，危害人民，大禹就浚導長江，疏通黃河，使江、淮、河、漢暢流無阻，直至大海，以小就大，引小流入大江，引江流歸於大海；高處流向低處，大小河流順暢貫通，各自流向該去的地方。這樣，人民就能夠離開高峭危險的地方，到平地上居住。

川谷交錯❶，風化未通❷，九州絕隔❸，未有舟車之用，以濟深致遠❹。於是奚仲❺乃橈曲為輪❻，因直為轅，駕馬❼服牛❽，浮舟杖檝❾，以代人力。

【章旨】此章言奚仲創作舟、車，以代人力，解決了一般人的交通問題。

【注釋】❶川谷交錯 謂河流山谷很多，阻塞人民的交往。❷風化未通 言交通不便，國家的教化不能普及。風化，猶言教化。❸九州絕隔 謂全國各地不通往來。九州，古代中國設置的九個州。夏禹時的九州為冀、豫、雍、揚、兗、徐、梁、青、荊。❹濟深致遠 渡過深深的河水且可航行至更遠的地方。❺奚仲 夏代的車正，相傳為初造車的人，春秋薛國的始祖。❻橈曲為輪 彎曲木料，做為車輪。橈，彎曲。❼駕馬 謂用馬拉車。古代多用四馬駕車，稱駟馬。❽服牛 即用牛拉車。❾浮舟杖檝 謂利用舟楫解決水上交通。杖檝，執槳。檝，同「楫」。船槳。短曰楫，長曰櫂。

【語譯】河流山谷縱橫交錯，阻礙交通，國家教化不能普及，全國各地相互隔絕，又沒有船隻車輛可以利用，人民無法渡過深深河流，到達很遠的地方。這時候奚仲就彎曲木料加工成車輪，利用直的木料加工成車輮，做成車子，又用馬、牛來拉車，解決陸地交通，利用舟檝解決水上交通，取代了人力，負重而致遠。

鑠金❶鏤木❷，分苞❸燒殖❹，以備器械❺，於是民知輕重，好利惡難，避勞就逸。於是皋陶❻乃立獄制罪，縣賞設罰❼，異是非❽，明好惡❾，檢奸邪❿，消佚亂⓫。

【章旨】此章言皋陶興刑獄以治天下。

【注釋】❶鑠金　猶言銷金。此謂使金屬銷熔，製成器械。❷鏤木　雕刻木頭，製成器具。❸分苞　即「分匏」。謂為蠡瓢之屬。苞，「匏」之借字。❹燒殖　即「燒埴」。謂燒製陶器。殖，當為「埴」之借字。❺器械　兵械器具。❻皋陶　亦稱「咎繇」，傳說舜之臣，掌刑獄之事，偃姓。❼立獄制罪二句　謂皋陶建立刑獄賞罰制度。縣，同「懸」。❽異是非　使是非有異，猶言分清是非。❾明好惡　使好壞分明。❿檢奸邪　查察惡人邪行。⓫佚亂　放蕩而淫穢的行為。

【語譯】冶煉銅鐵，雕刻木頭，剖分匏瓢，燒製土陶，製成了各種兵械器具，人民因此懂得了輕重，追求利益而害怕困難，厭惡勞動而喜歡安逸。於是皋陶就設立刑獄以制止犯罪，出具賞格，制定罰則，分清是非，區別好壞，查察惡人邪行，消除放盪淫穢。

民知畏法，而無禮義。於是中聖❶乃設辟雍❷庠序❸之教，以正上下之儀，明父子之禮，君臣之義❹，使強不凌弱❺，眾不暴寡❻，棄貪鄙之心，興清潔之行。

【章　旨】此章言中聖設立教育制度，增強了人民的禮法觀念。

【注　釋】❶中聖　中古聖人，謂文王、周公。❷辟雍　周朝為貴族子弟所設的大學。取四周有水，形如璧環為名。又作辟廱、辟雝、璧廱。❸庠序　古代地方所設的學校，後泛指學校。❹正上下之儀三句　此言興教育之目的。《白虎通・辟雍》引《禮五帝記》：「帝庠序之學，則父子有親，長幼有序。」❺凌弱　欺侮弱者。❻暴寡　謂欺侮少數人。

【語　譯】人民懂得了刑獄之法，且有畏懼之心，但是還不懂得禮義，於是中古聖人文王、周公就開始設立學校來教育人民，使人民懂得上下之間的規矩法度，明白父子之間的禮儀，了解君臣之間的準則。使強者不侵犯弱者，人多的不欺侮人少的，拋棄貪婪卑鄙的心理，樹立公正廉潔的品行。

禮義不❶行，綱紀不立，後世衰廢，於是後聖❷乃定五經❸，明六藝❹，承天統地❺，窮事察微，原情立本❻，以緒人倫❼，宗諸天地，纂脩篇章，垂諸來世，被諸鳥獸❽，以匡衰亂，天人合策❾，原道❿悉備，智者⓫達其心，百工⓬窮其巧，乃調之以管弦絲竹之音，設鍾鼓歌舞之樂，以節奢侈⓭，正風俗，通文雅⓮。

【章旨】此章言後聖孔子為正風俗、挽衰廢，而定五經、明六藝。

【注釋】❶不　原作「獨」，今從《子彙》本、唐晏本校改。❷後聖　此指孔子。❸五經　謂儒家的五部經典。《白虎通・五經》：「五經何謂？謂《易》、《尚書》、《詩》、《禮》、《春秋》也。」❹六藝　謂六經也，五經而外加《樂》。《漢書・藝文志・六藝略》：「六藝之文，《樂》以和神，仁之表也；《詩》以正言，義之用也；《禮》以明體，明者著見，故無訓也；《書》以廣聽，知之術也；《春秋》以斷事，信之符也。……而《易》為之原，故曰《易》不可見，則乾坤或幾乎息矣。」❺承天統地　上承天意，下本地道。❻原情立本　謂探究人類的情感以樹立根本。此以五經、六藝為根本。❼緒人倫　謂人倫之道得其緒也。《詩・周南・關雎序》：「先王以是經夫婦，成孝敬，厚人倫，美教化，移風俗。」❽被諸鳥獸　謂以禮樂感化鳥獸。《尚書・益稷》：「夔曰：『笙鏞以閒，鳥獸蹌蹌。簫韶九成，鳳皇來儀。』夔曰：『於，予擊石拊石，百獸率舞，庶尹允諧。』」❾天人合策　謂天意人事相合。合策，謂占卜所得徵兆與天意人事相合。策，此指古時占卜用的蓍草。❿原道　以道為根本。⓫智者　謂明智的人。⓬百工　謂各種工匠。⓭奢侈　揮霍浪費。⓮文雅　謂文采典雅。

【語譯】後世禮義不能實行，三綱六紀不能確立，世道衰微。於是後聖孔子就刪定五經，闡明六藝，上承天意，下本地道，窮盡事理，體察入微，推究人情，樹立根本，使人倫之道有條不紊。以天地為宗，纂寫成著作，流傳後世，使鳥獸也能受到感化，以匡救時世的衰亂。天意人事，既皆和諧，道的根本，已經具備，明智的人對這些都很通曉，各種工匠也充分發揮其技巧專長，於是調和管弦絲竹之音，設立鐘鼓歌舞之樂，用來節制社會奢侈的風氣，糾正衰亂的社會風俗，達到文明典雅的境界。

後世淫邪，增之以鄭、衛之音❶，民棄本趨末❷，技巧橫出❸，用意各殊，則加雕文刻鏤❹，傅致膠漆❺丹青❻，玄黃❼琦瑋❽之色，以窮耳目之好，極工匠之巧。

【章旨】此章言周末禮樂之衰。

【注釋】❶鄭衛之音　指靡靡之樂、亡國之音。東周時，鄭、衛兩國的民間音樂，因其內容多涉及男女情愛，儒家以為淫靡，後人遂用來代指淫靡的音樂或詩歌。❷棄本趨末　謂棄農經商。《漢書・食貨志上》：「今背本而趨末，食者甚眾，是天下之大殘也。」師古曰：「本，農業也；末，工商也；言人已棄農而務工商矣。」❸技巧橫出　謂智變詐偽橫溢而出，言其多。❹雕文刻鏤　謂精心雕刻各種花紋。此指奢侈行為。❺傅致膠漆　謂以膠漆附益於所髹飾之物。膠漆，工匠以為膠合髹漆之用。❻丹青　此指繪畫用的顏色。❼玄黃　謂以玉石為飾，其色玄黃。❽琦瑋　珍異。

【語譯】周末禮樂衰壞，人們放縱而邪惡，充滿靡靡之音，人民捨棄農業而趨向工商，智變詐偽層見疊出，用意各不相同。加之器物要雕刻各種花紋，漆上各種油漆，畫上彩色圖畫，用玉石裝飾，顯出珍奇之色。以此來追求耳目的舒適，極盡天下各種工匠的技巧。

夫驢騾駱駝，犀象瑇瑁❶，琥珀❷珊瑚，翠羽❸珠玉，山生水藏，擇地而居，潔清明朗，潤澤而濡❹，磨而不磷，涅而不淄❺，天氣所生，神靈❻

所治，幽閒清淨，與神浮沈❼，莫不❽效力為用，盡情為器。故曰❾，聖人成之，所以能統物❿通變⓫，治情性，顯仁義也。

【章旨】此章言聖人能因萬物之性而使之為我所用，所以能統物通變，治情性，顯仁義，與追求感官享樂的聲色之好不同。

【注釋】❶瑇瑁　亦作「玳瑁」。形狀像龜的爬行動物，產於熱帶海中，甲殼可作裝飾品。❷琥珀　松柏樹脂的化石，色黃褐或紅褐，燃燒時有香氣。入藥，也可製飾物。❸翠羽　翠色的鳥羽，裝飾品。❹濡　光澤。❺磨而不磷二句　磨不薄，染不黑。磷，薄。涅，古人用作黑色染料的一種礦物。《論語·陽貨》：「不曰堅乎？磨而不磷。不曰白乎？涅而不緇。」《集解》：「孔曰：『磷，薄也。涅可以染皂。言至堅者磨之不薄，至白者染之于涅而不黑。』」緇、淄古通。❻神靈　指造化之神。❼沈浮　升降。❽莫不　原作「莫之」，俞樾《新語平議》曰：「謹按：『莫之』當作『莫不』，蓋言驢騾駱駝，犀象瑇瑁，琥珀珊瑚、翠羽珠玉之類，莫不為我用也。下文『故曰，聖人成之。所以能統物通變，治情性，顯仁義也』，即承此而言。今作『莫之』，則與下意不貫也。」此從俞說。❾故曰　本篇首引傳曰「聖人成之」，由此以上，皆釋其義，故以「故曰」結之。❿統物　統領、綜理萬物。⓫通變　通達萬物的變化。

【語譯】出生於深山或大海裡的驢騾、駱駝、犀象、瑇瑁、琥珀、珊瑚、翠羽、珠玉等珍奇物品，各自選擇適應自身的環境而生長發展，它們純潔乾淨而不含雜質，文采油亮而有光澤，磨也磨不薄，染也染不黑，這是因為它們乃陰陽之氣所生，由神靈所治理，幽靜安閒清白乾淨，隨神靈的變化而變化。然而它們莫不效力而為人所用，莫不發揮它們的情性而成為各種器具。因此說：「聖人發揮萬物的功用，這樣才能夠綜理天下萬物，通達事物的變化，理順人和物的情性，體現仁義道德。」

夫人者，寬博浩大，恢廓❶密微，附遠寧近，懷來萬邦❷。故聖人懷仁仗義❸，分明纖微，忖度❹天地，危而不傾，佚而不亂者❺，仁義之所治也❻。行之於親近而疏遠悅，脩之於閨門之內❼而名譽❽馳於外，故仁無隱而不著❾，無幽而不彰者。虞舜❿蒸蒸於父母⓫，光耀於天地⓬；伯夷、叔齊餓於首陽⓭，功美垂於萬代；太公自布衣昇三公之位⓮，累世享千乘之爵⓯；知伯⓰仗威任力，兼三晉而亡⓱。

【章旨】本章申論聖人懷仁仗義的功效，並以古人為例，從正反兩方面加以印證。

【注釋】❶恢廓　謂恢弘廓大。❷懷來萬邦　言招來萬國，使萬國臣服。文廷式《純常子枝語》曰：「按：漢高帝諱邦，陸生奏書，必不公犯其諱，『邦』字當為『國』也。」❸仗義　主持正義。❹忖度　揣測；估量。❺佚而不亂　安樂而不放蕩。❻仁義之所治也　唐晏《陸子新語校注》曰：「陸生之學出孔門，故語必首仁義。」❼閨門之內　猶言家中。❽名譽　聲名。❾仁無隱而不著　謂行仁義的人即便是處在隱蔽邊遠之地也會揚名。❿虞舜　古帝名。據《書・舜典》、《史記・五帝紀》載，姚姓，有虞氏，名重華。相傳其父頑母嚚，弟象傲。由四岳舉於堯，堯命攝政三十年，除四凶，舉八元八愷，天下大治。受禪繼堯位，都於蒲阪，在位四十八年，南巡，死於蒼梧之野。⓫蒸蒸於父母　謂孝敬父母。《尚書・堯典》：「岳曰：『瞽子，父頑，母嚚，象傲，克諧以孝，烝烝不格姦。』」蒸、烝古通。蒸蒸，孝順貌。⓬光耀於天地　唐晏《陸子新語校注》曰：「按：此隱括堯典『以孝蒸蒸不格姦』之文。『光耀天地』者，當是古訓。」⓭伯夷叔齊餓於首陽　唐晏《陸子新語校注》曰：「此隱括《論語》文。」《論語・季氏》：「伯夷、叔齊餓於首陽之下，民到於今稱之。」邢昺疏：「夷、齊，孤竹君之二子，讓位適周，遇武王伐紂，諫之不入，及武王既誅紂，義不食周粟，故於河東郡蒲阪縣首陽山下，采薇而食，終餓死。」⑭太公自布衣昇三公之位　相傳太公，本姓姜，也以其先人封地呂為姓，名尚，字子牙。太公釣於渭水之濱，文王出獵相遇，而立為師。後輔佐武王伐紂滅殷，封於齊，授以征討五侯九伯的特權，地位在各封國之上。⑮千乘之爵　謂爵為大國諸侯。衛宏《漢書儀》：「九夫為井，四井為邑，四邑為丘，四丘為乘，乘則具車一乘四馬，步卒三十六人。千乘之國，馬四千匹，步卒三萬六千人為三軍，大國也。」⑯知伯　即知瑤，智襄子，一稱荀瑤。春秋末晉六卿之一。晉之六卿智氏、范氏、中行氏、韓氏、魏氏、趙氏分晉，智氏最強，破滅范、中行，兼有三晉。遂肆意戲侮大臣，多所需索，驕勢逼人。又帥韓、魏以圖趙襄子於晉陽。韓、魏、趙合謀，滅智氏。⑰兼三晉而亡　唐晏《陸子新語校注》曰：「按：戰國之世，言盛則齊桓，言滅則智伯，若太公則尤盛矣。」

【語　譯】 人，要是能寬博浩大，恢弘廓大而又細密入微，就能使遠處的人歸附順從，使近處的百姓安寧和諧，使萬國臣服。所以聖人懷仁仗義，為人處事明確細緻，又忖度天地的法則，處危險之境而不覆滅，處安樂之中而不放蕩，這是用仁義治理的緣故。對親近的人行仁義，疏遠的人也會感到愉悅；在家中講究仁義，聲名就能遠播在外。因此行仁義的人即使是在任何幽隱之處也能彰明昭著。虞舜孝敬父母，仁義之光顯耀於天地；伯夷、叔齊餓死於首陽山，仁義之美名永垂於萬代；姜太公隱居於渭水，自平民百姓昇到三公之位，累世享受千乘之爵；知伯依仗權勢而濫用武力，雖兼有三晉之地，也以滅亡告終。

是以君子握道而治，據德而行，席仁而坐❶，杖義而彊，虛無寂寞，通動❷無量。故制事因短，而動益長，以圓制規，以矩立方❸。聖人王世❹，賢者建功❺，湯舉伊尹❻，周任呂望❼，行合天地，德配陰陽❽，承天誅惡，克暴除殃，將氣養物❾，明□❿設光，耳聽八極⓫，目覩四方，忠進讒退，直立邪亡，道行姦正⓬，不得兩張⓭，□□本理，杜漸消萌⓮。

【章旨】此言道德仁義乃治國之本。

【注釋】❶席仁而坐　謂起坐均不離仁義。席，憑藉；倚仗。❷通動　猶言「通洞」。暢通而無阻礙。❸以圓制規二句　唐晏《陸子新語校注》曰：「案：於文當作『以規制圓』，然考規矩之初，方生於圓，由圓既立而始有規之名，故曰『以圓制規』也。」❹王世　治理天下。王，成就王業之意。❺功　文廷式《純常子枝語》曰：「此以功字與行、彊、量、長、方、望、陽、殃、光為韻，已讀功如釭矣。」❻伊尹　商湯臣，名摯，是湯妻陪嫁的奴隸。後佐湯伐夏桀，被尊為阿衡（宰相）。❼呂望　即呂尚，見前注。❽行合天地二句　言行為合乎自然規律，道德符合萬物變化的法則。❾將氣養物　俞樾《新語平議》曰：「謹案：將亦養也。《詩・桑柔》：『天不我將。』箋云：『將，猶養也。』氣言將，物言養，文異而義同。」❿□　缺一字。本書凡有□記號之處，皆表示缺字。後不復注。⓫八極　八方之極。⓬正　俞樾《新語平議》曰：「謹按：『正』乃『止』字之誤，道行，姦止，相對成文。」⓭兩張　謂相對立的兩方面（指忠讒、直邪、道姦等）同時展開擴大。⓮杜漸消萌　指防患於未然。亦作杜漸防萌、杜漸防微。

【語譯】因此君子執掌道而治理，依靠德而行動，憑藉仁而起坐，倚仗義而彊大，虛無寂寞，暢通而沒有窮盡。所以處理事件從近處著眼，而行動起來卻顯得更加長遠，因為畫圓而制定了圓規，因為有了曲尺而能畫出方形。聖人成就了王業，賢者建立了功業，商湯器重伊尹，周天子任用呂望，他們的行為合乎天地的法則，道德符合陰陽變化的規律，秉承上天之意誅除邪惡，克制暴橫，消除災禍，使天地之氣與萬物有良好的發育環境，明□設光，耳聽八極，眼觀，克制暴橫，消除災禍，使天地之氣與萬物有良好的發育環境，明□設光，耳聽八極，眼觀四方，忠良得以進取，讒佞便能清除，正直得以樹立，邪惡則被消亡，道德得以通行，姦宄則被阻止，兩方面不可能同時發展，□□本理，防患於未然。

夫謀事不竝仁義者後必敗❶，殖不固本❷而立高基者後必崩，故聖人防亂以經藝❸，工正曲以準繩❹。德盛者威廣，力盛者驕眾。齊桓公❺尚德以霸，秦二世❻尚刑而亡❼。

【章　旨】此言謀事必須依傍仁義。

【注　釋】❶不竝仁義者後必敗　謂不依傍仁義，結果必然失敗。俞樾《新語平議》曰：「謹按：『竝』當讀為『傍』，《列子・黃帝》篇：『竝流而承之。』《釋文》曰：『《史記》、《漢書》傍河傍海皆作竝。』是古『竝』、『傍』字通用。不竝仁義者，不傍仁義也。謀事不依傍仁義，故後必敗。」❷殖不固本　意為不把仁義這個根本牢牢地樹立起來。殖，立也，樹立也。❸經藝　即五經、六藝。❹準繩　測量器具。準，測定平面的水準器。繩，量直線的墨線。❺齊桓公　春秋時齊侯，五霸之一。名小白。周莊王十一年，以兄襄公暴虐，去國奔莒。襄公被殺，歸國即位。任管仲為相，尊周室，攘夷狄，九合諸侯，一匡天下，終其身為盟主。後管仲死，用豎刁、易牙、開方等，怠於政事。及卒，諸公子爭立，霸業遂衰。❻秦二世　秦朝皇帝，秦始皇少子，始皇死，中車府令趙高與丞相李斯合謀，詐為始皇詔書，得為太子，於咸陽襲位為二世皇帝。在位時，趙高專權，濫用民力，徭役賦稅較始皇更盛，三年而亡。❼尚刑而亡　秦漢間人言刑、德者，儒、法各執一端，儒家言尚德，法家言尚刑，陸氏固儒家言也。

【語　譯】謀事不依傍仁義，結果必遭失敗；不把基礎打牢固，就在此基礎上樹立高大的建築，結果必然崩塌，所以聖人用五經六藝防止變亂，用準繩來測定正曲。講究道德的人威望深遠，濫用武力的人驕橫自大。齊桓公崇尚道德而得以稱霸諸侯，秦二世崇尚刑法三年而亡。

故虐行❶則怨積，德布則功興，百姓以德附❷，骨肉❸以仁親，夫婦以義合，朋友以義信，君臣以義序❹，百官以義承❺，曾、閔❻以仁成大孝，伯姬以義建至貞❼，守國者以仁堅固，佐君者以義不傾，君以仁治，臣以義平，鄉黨❽以仁恂恂❾，朝廷以義便便❿，美女以貞顯其行，烈士⓫以義彰其名，陽氣以仁生，陰節以義降⓬，〈鹿鳴〉以仁求其群⓭，〈關雎〉以義鳴其雄⓮，《春秋》以仁義貶絕⓯，《詩》以仁義存亡，「乾」、「坤」⓰以仁和合，「八卦」⓱以義相承，《書》以仁敘九族⓲，君臣以義制忠，《禮》以仁盡節，《樂》以《禮》升降。

【章　旨】此章言仁義無處不在，無時不存，其功用無限。

【注　釋】❶虐行　殘暴的行為。❷百姓以德附　老百姓因為德政而歸附君主。❸骨肉　此喻至親。❹序　次序。此謂上下之序。❺承　順從；奉承。❻曾閔　曾參和閔損（即閔子騫），皆為孔子弟子，以孝行聞名。❼伯姬以義建至貞　春秋魯宣公女，宋共公夫人。嫁十年而寡，執節守貞。魯襄公三十年，伯姬之舍失火，左右曰：「夫人少辟火乎？」伯姬曰：「婦女之義，傅母不在，宵不下堂。」遂逮乎火而死。❽鄉黨　鄉里。《論語集解》：「鄭曰：『五家為鄰，五鄰為里，萬二千五百家為鄉，五百家為黨。』」❾恂恂　恭慎貌。《論語・鄉黨》：「孔子於鄉黨，恂恂如也。……其在宗廟朝廷，便便言，惟謹爾。」❿便便　是非分明的樣子。⓫烈士　指堅貞不屈的剛強之士。⓬陽氣以仁生二句　唐晏《陸子新語校注》曰：「案：此以仁義分陰陽，與《周禮・大宗伯》以『天產作陰德，以中禮防之，以地產作陽德，以樂和防之』之說合。蓋中禮屬仁，樂和屬義，防者猶調劑之義也，陰德之過，以陽劑之，陽德之過，以陰劑之。陸生之說，必有所受之。」⓭鹿鳴以仁求其群　《詩・小雅・鹿鳴》：「呦呦鹿鳴，食野之苹。」毛傳：「興也。苹，蓱也。鹿得蓱，呦呦然鳴而相呼，懇誠發乎中，以興嘉樂賓客，當有懇誠相招呼以成禮也。」陸氏以仁求群之說，即取於此。⓮關雎以義鳴其雄　易順鼎《經義莛撞》卷三：「陸賈《新語・道基》云：『關雎以義鳴其雄。』按此《魯詩》說也。……《魯詩》以〈關雎〉為刺周康王后作。蓋后夫人佩玉晏，雞鳴不能為脫簪待罪之舉，故借關雎能以義鳴其雄，喻康王后不能以義警其君。《魯詩》蓋解〈關雎〉為鳴聲相警之意，故《新語》謂以義鳴，與《毛詩》以關關為和聲者不同。」⓯貶絕　儒者相傳，《春秋》的紀事，在文字上見褒貶。絕，表示棄絕之，也是一種貶，如《春秋・公羊傳》桓公六年云：「蔡人殺陳佗。陳佗者何？陳君也。陳君，則曷為謂之陳佗？絕也。曷為絕之？賤也。其賤奈何？外淫也。」⓰乾坤　《周易》二卦名。象徵天地、陰陽、男女、君臣、夫婦等。⓱八卦　《周易》中的八種符號，由陰陽兩種符號組成，陰陽是八卦的根本。最初為記事的符號，後被用為卜筮符號。唐晏《陸子新語校注》曰：「案以『乾、坤』為仁，『八卦』為義，又『九族』為仁，疑皆古經義。」⓲九族　上自高祖，下至玄孫，凡九族。

【語　譯】所以殘暴的行為就使怨恨堆積，推行德政就能使事功興盛，老百姓因為德政而歸附君主，一家骨肉因仁而相親，夫妻因義而相合，朋友因義而相互信任，君臣因義而上下有序，百官因義而相從屬，曾參和閔子騫因仁而成為大孝子，伯姬因守義而表現最高的貞節，守衛國土的人因抱著成仁之志而使國家堅固，輔佐君主的臣子因能守著大義而使國家不致傾危，國君以仁治國，臣子以義公正無私，鄉黨因為仁而恭慎相處，朝廷因有義而是非分明，美女因為貞節而顯示她的德行，剛強之士因為守義而著名，陽和之氣因仁而產生，陰冷的節候因義而降臨，鹿以仁而發出鳴聲招呼同伴，雎鳩以義而對雄鳥發出相警之聲。《春秋》按照仁義進行褒貶，《詩》用仁義為準則來表現國家的存亡。「乾」、「坤」兩卦因仁而相互和諧，「八卦」因義的不同而相反相承，《書經》以仁來定九族的次序，君臣以義來制上下。《禮》的節制是按照仁來規定的，《樂》又按照《禮》來定昇降。

仁者道之紀❶，義者聖之學。學之者明，失之者昏，背之者亡。陳力❷就列❸，以義建功。師旅行陣❹，德仁為固❺，仗義而彊。調氣養性❻，仁者壽長❼。美才次德❽，義者行方❾。君子以義相褒，小人以利相欺，愚者以力相亂，賢者以義相治。《穀梁傳》❿曰：「仁者以治親，義者以利尊。萬世不亂，仁義之所治也。」

【章旨】本章乃本篇之結語，謂仁義乃道之根本，禍福賢愚皆以此為判。

【注釋】❶仁者道之紀　謂仁是道的法度準則。❷陳力　施展自己的才力，為國家服務。❸就列　就身於職位，猶如今人所謂站在崗位上。❹師旅行陣　軍隊行列。師旅，古代軍制以二千五百人為師，五百人為旅。因以師旅稱軍隊。行陣，軍隊行列。❺德仁為固　俞樾《新語平議》曰：「『德』當讀為『得』，古字通用。『為固』當作『而固』」。❻調氣養性　義同「治氣養心」。❼仁者壽長　《論語・雍也》：「仁者壽。」《集解》：「性靜者多壽考。」邢疏：「言仁者少思寡欲，性常安靜，故多壽考也。」❽美才次德　孫貽讓《札迻》曰：「案：『美』疑『差』之誤，差與次義同，謂差次才之高下也。」差才次德，謂論其才德之大小而定其位次。❾行方　謂行為方正。❿穀梁傳　《春秋・穀梁傳》的省稱。戰國穀梁赤撰。按：此引文不見今本《穀梁傳》。

【語譯】仁是道的準則，義是聖人的學問。學習仁義的人就明智，失去仁義的人就糊塗，違背仁義的人就失敗滅亡。貢獻自己的才力，擔任適當的職位，守義而行，就能建功立業。軍隊作戰，以仁愛得軍心就牢不可破，仗義而行就能強大發展。若論治氣養性，則仁者性靜而多壽。比較人的才德，則守義者必定方正。君子按照道義相互褒揚，小人則按照利害關係相互欺騙，愚蠢的人用蠻力搗亂，賢明的人用道義進行治理。《穀梁傳》說：「仁是用來處理相親之道的，義是有利於建立上下有別的等級尊嚴的。萬世清明和樂，這就是用仁義治理的結果。」

術事第二（ㄕㄨˋ ㄕˋ ㄉㄧˋ ㄦˋ）

【題解】術事，即述事。本篇言帝王之功，當思之於身，言古者當合之於今。述遠者當考之於近。旨在勸告今人當古為今用，行遠自邇，登高自卑，此乃仁義之基。

善言古者合之於今，能術❶遠者考之於近，故說事者上陳五帝❷之功，而思之於身，下列桀、紂之敗❸，而戒之於己，則德可以配日月，行可以合神靈，登高及遠，達幽洞冥，聽之無聲，視之無形，世人莫覩其兆❹，莫知其情。校修❺五經之本末，道德之真偽，既□其意，而不見其人。

【章　旨】此章謂當驗今以鑒古。

【注　釋】❶術　述說。❷五帝　相傳古代有五帝，其說不一。此當指伏羲、神農、黃帝、堯、舜五帝。❸桀紂之敗　桀為夏朝末代君主，為政殘暴，生活荒淫，對外濫施征伐，後被商湯戰敗而死。紂，商朝末代君主，即帝辛，名受。自恃天命在身，對內重刑厚斂，荒於酒色，對外黷武好戰，被周武王所滅。❹兆　指事情發生前的徵候或跡象。❺校修　考校修習。

【語　譯】善於論古的人往往是以今事去驗證，善於說遠的人常常是以近事去考察。所以講史事的人，上述五帝的功績，用以思考自身的言行，下舉桀、紂的罪惡，用以警戒自己的舉止。這樣，他的品德可以與日月同輝，行為可以合於神靈，能夠登高望遠，透徹了解幽深隱晦的事理，這些事理，聽起來沒有聲音，看起來沒有形狀，一般的普通人無法看到它的預兆，無法知道它的情況。修習五經的本末，道德的真偽，即□其意，卻不曾見過這種人。

世俗❶以為自古而傳之者為重，以今之作者為輕，淡於所見，甘於所聞，惑於外貌，失於中情❷。聖人貴寬❸，而世人賤眾，五穀養性❹，而棄❺之於地，珠玉無用，而寶之於身。故舜棄黃金於嶄巖之山，禹捐珠玉於五湖之淵❻，將以杜滛❼邪之欲，絕琦瑋❽之情。

【章　旨】此章強調親知實用，反對貴古賤今，重名輕實。

【注　釋】❶世俗　本指當代平凡的人物或見解，此指與陸氏之學相異者。❷中情　內心的思想感情。❸貴寬　當作「不貴寡」。孫詒讓《札迻》曰：「案『貴寬』無義，疑當作『聖人不貴寡』，『寡』與『寬』形近而誤。上又挩『不』字。『貴寡』與『賤眾』，文正相對。後〈慎微〉篇：『分財取寡』，『寡』亦譌作『寬』可證。」❹性　生。二字古通用。❺棄　當作「弆」，棄古文作「弃」，與「弆」形近而誤。《集韻》：「弆，藏也，或作『去』。」❻禹捐珠玉於五湖之淵　唐晏《陸子新語校注》曰：「《淮南子》作『舜深藏黃金於嶄巖之山，所以塞貪鄙之心也』，無『禹捐珠』句。」❼滛　淫之訛字。❽琦瑋　珍奇瑰麗。

【語　譯】凡庸之輩以為自古流傳下來的就是珍貴的，而以為當世創作的無足輕重，對於親眼所見到的感到平淡無味，卻津津樂道聽來的東西；觀察事物常被外表所迷惑，而不注意內在的實情。聖人不以稀少為貴，而世人卻以眾多為賤，五穀可以攝養身心，以保健延年，而世人卻把它拋棄，不加愛惜，珠玉沒有什麼實際用處，而世人卻把它當成寶貝，百般珍愛。聖人不看重珠玉而以自身為寶，所以舜把黃金深藏在險峻的山上，禹把珠玉丟進五湖的深淵裡，以此杜絕邪惡的欲望，斷絕愛好珍奇瑰麗的情欲。

道近不必出於久遠，取其至要而有成。《春秋》❶上不及五帝，下不至三王❷，述齊桓、晉文❸之小善，魯之十二公❹，至今之為政，足以知成敗之效❺，何必於三王？故古人之所行者，亦與今世同。立事者❻不離道德，調弦者不失宮商❼，天道調四時❽，人道治五常❾，周公與堯、舜合符瑞❿，二世與桀、紂同禍殃⓫。文王生於東夷⓬，大禹出於西羌⓭，世殊而地絕⓮，法合而度同。故聖賢與道合，愚者與禍同，懷德者應以福，挾惡者⓯報以凶。德薄者位危，去道者身亡，萬世不易法，古今同紀綱。

【章　旨】此章言立事者只要不離道德，不必問其古今。

【注　釋】❶春秋　古籍名。為編年體史書，相傳孔子據《魯史》修訂而成。所記起自魯隱公元年，迄魯哀公十四年，凡十二公，二百四十二年。敘事多極簡，以用字褒貶。❷三王　有多種說法，此當指夏禹、殷湯、周武王。❸晉文　即晉文公，姬重耳。西元前六三六～前六二八年在位，重用狐偃、趙衰等人，協力修明內政，整飭法紀，增強戰備；平周室王子帶之亂，迎襄王復位，樹立了政治威信，被尊為霸主。❹十二公　即《春秋》所記魯國的十二位國君，自魯隱公、桓公、莊公、閔公、僖公、文公、宣公、成公、襄公、昭公、定公以至哀公十二公。❺足以知成敗之效　俞樾《新語平議》曰：「謹按：『魯』下衍『之』字，『至今』二字當在『政』字下，本作『述齊桓、晉文之小善，魯十二公之為政，至今足以知成敗之效』。」❻立事者　建立事業的人。❼宮商　古時的兩種音調。此代指樂律。❽四時一指一年的四季：春夏秋冬，一指一日的四時：朝、晝、夕、夜。❾五常　五種倫理道德，即父義、母慈、兄友、弟恭、子孝。❿符瑞　符命瑞應。古代謂天賜祥瑞與人君，以為受命的憑證。也指一般的祥瑞徵兆，猶言吉兆。⓫二世與桀紂同禍殃　唐晏《陸子新語校注》曰：「此即所謂著秦之所以亡。」謂秦二世與桀、紂同遭天降的禍殃。⓬文王生於東夷　唐晏《陸子新語校注》曰：「文王生東夷，亦異聞。」「文王」或為「大舜」之誤。《孟子．離婁下》：「舜生於諸馮，遷於負夏，卒於鳴條，東夷之人也。」⓭大禹出於西羌　《史記．夏本紀．正義》引〈帝王紀〉：「公鯀妻脩己，見流星貫昂，夢接意感，又吞神珠薏苡，胸坼而生禹，名文命，字高密，身九尺二寸長，本西夷人也。」⓮世殊而地絕　謂時代和地域都不同。⓯挾惡者　心懷惡毒的人。

【語　譯】道可於近事中求，不必從遼遠的古代去找，只要取其最精要者，就能產生成效了。《春秋》是近世之作，上不述五帝，下不言三王，而只敘述了齊桓公、晉文公的小功績，以及魯國十二位國君的為政功過，今日就足以知道成敗的規律了，何必一定要效法遠古的三王呢？所以古人的所作所為，也和我們今天相同。建功立業的人不能離開道德，彈奏弦琴的人不能偏離宮商音調，天道調理四時，人道整飭五常，周公與堯舜都得到天賜的祥瑞，秦二世與桀、紂同遭到天降的禍殃。文王出生於東夷，大禹出生於西羌，時代和地域都不同，但他們治理國家的法度卻是一樣。所以聖賢所行與道相合，愚者所行與禍相伴，心懷道德的人必有福音回應，而心懷惡毒的人必定得到凶暴的報應，德薄的人其地位危險，離開道的人其自身難保，根本的法則是萬世不變的，紀綱倫理是古今相同的。

故良馬非獨騏驥，利劍非惟干將❶，美女非獨西施❷，忠臣非獨呂望。

今有馬而無王良❸之御，有劍而無砥礪❹之功，有女而無芳澤❺之飾，有士而不遭文王，道術蓄積而不舒，美玉韞匵❻而深藏。故懷道❼者須世，抱樸❽者待工。道為智者讒❾，馬為御者良，賢為聖者用，辯為智者通，書為曉者傳，事為見者明。故制事者因其則❿，服藥者因其良。書不必起仲尼之門，藥不必出扁鵲⓫之方，合之者善，可以為法，因世而權行。

【章旨】此章承上章，申言今世非無賢才，只要人君能任用，其道術可為世法，不必求之於古。

【注釋】❶良馬非獨騏驥二句　騏驥，良馬。干將，古劍名。相傳春秋時吳人干將與妻莫邪善鑄劍，鑄有二劍，鋒利無比，一名干將，一名莫邪獻給吳王闔閭。後因以干將為利劍的代稱。❷西施　春秋時越國苧蘿人。傳說越人敗於會稽，命范蠡求得美女西施，進於吳王夫差，吳王許和。越王生聚教訓，終得滅吳，西施歸范蠡，從遊五湖而去。西施以美著稱，後常用作絕色美女的代稱。❸王良　春秋時晉之善御馬者。❹砥礪　磨刀石。質細的為砥，粗的為礪。❺芳澤　古人稱婦女用以潤髮的香油。❻美玉韞匵　美玉深藏在櫃子之中。比喻懷才不為世所用。韞，蘊藏。匵，木匣。❼懷道　謂懷藏道德。❽抱樸　《子彙》本、天一閣本、《品節》、《彙函》本、唐晏本均作「抱璞」。春秋楚人和氏得玉璞楚山中，獻於厲王，王以為石，謂和誑騙而斷其左足。武王時復獻之，又以為石而斷其右足。文王即位，使玉人剖其璞，得寶玉，是謂和氏之璧。後以抱璞喻懷才不遇。❾讒　當作「設」。❿因其則　遵循事物的規則、規律。⓫扁鵲　戰國時名醫。原名秦越人，勃海郡鄭人，家於盧國，又名盧醫。受禁方於長桑君，歷遊齊趙。入秦，秦太醫李醯自知醫不如，使人刺殺之。

【語譯】所以千里馬不是只有騏驥，利劍不是只有干將，美女不是只有西施，忠臣也不是只有呂望。現在有千里馬而沒有王良那樣的人來駕御，有良劍而不用功夫去磨礪，有美女而沒有香油裝飾，有賢士而沒有周文王那樣的人去發現，那麼，滿懷經世之道也得不到發揮，就如美玉深藏在匣子之中一樣。所以懷藏道德的人必須要有足以發揮的環境，擁有玉石還需待琢玉的工人去雕琢。道是供有智慧的人去掌握的，良馬由善御者駕馭方能日行千里，賢臣在聖主治下才能發揮作用，辯論出自智者之口才能暢達，經書由通曉的人傳播，事理為親眼見到的人所了解。所以創辦事業的人遵循一定的法則，服藥的人採用有效的良方。書不必都出自孔子的學派，藥不必只用扁鵲的處方。與道相合者就是好的，就可以作為法式，並根據當世的需要而通權達變地加以推行。

故性藏於人，則氣達於天。纖微浩大，下學上達❶。事以類相從❷，聲以音相應❸。道唱而德和，仁立而義興。王者行之於朝，疋夫行之於田。治末者調其本❹，端其影者正其形❺。養其根者則枝葉茂，志氣調者即❻道沖❼。故求遠者不可失於近，治影者不可忘其容。上明而下清，君聖而臣忠。或圖遠而失近，或道塞而路窮。季孫貪顓臾之地，而變起於蕭牆之內❽。夫進取❾者不可不顧難，謀事者不可不盡忠；故刑立則德散，佞用則忠亡。《詩》云：「式訛爾心，以蓄萬邦❿。」言一心化天下，而□□國治，此之謂也。

【章　旨】此章言道德仁義是治國的根本，國君應實行之。

【注　釋】❶下學上達　下學人事，上知天命。❷事以類相從　言事物都按種類聚集在一起。❸聲以音相應　調相近的聲音互相應和。❹治末者調其本　調欲治理末節小事，必先處理好根本大事。此句本末及下句形影，均比喻君臣、上下。❺端其影者正其形　調欲使其影子端正，首先應使其本身正直。❻即　猶「則」。❼沖　空虛。❽季孫貪顓臾之地二句　《論語・季氏》：「季氏將伐顓臾，冉有、季路見於孔子曰：『季氏將有事於顓臾。』……孔子曰：『今由與求也，相夫子，遠人不服，而不能來也；邦分崩離析，而不能守；而謀動干戈於邦內。吾恐季孫之憂，不在顓臾，而在蕭牆也。』」《集解》：「孔曰：『顓臾，伏羲之後，風姓之國，本魯之附庸。……君臣相見之禮，至屏而加肅敬焉，是以謂之蕭牆。』後季氏家臣陽虎果囚季桓子。」顓臾，春秋國名，故地在今山東省費縣西北。變起蕭牆，言禍亂發生在內部。此指陽虎囚季桓子事。❾進取　猶言進攻。❿式訛爾心二句　此《詩經・小雅・節南山》詩。意思是說：變化你的心性，以養育萬邦的人民。訛，化。蓄，養。式，語詞。

【語　譯】所以人性藏於內，而精氣上昇於天，下學纖微細小的人事，即可上知博大高深的天命。事物均按種類聚集在一起，聲音相近則互相應和。「道」與「德」互相呼應，「仁」樹立起來，「義」就跟著興起。王者在朝廷之內行仁義，匹夫就在民間上行仁義。要處理好小事就先處理好根本大事，欲影子端正就得先使其本身正直。培養滋潤植物的根基，它的枝葉就會茂盛。志氣調和的人他的道就空虛廣大，無所不包。因此追求遠大目標的人應當從近處起步，求影子端正的人不能忘記端正自身的形狀，上邊清明下邊就廉潔，君主聖明臣子就忠良。有的人貪圖遠大目標而忽略身邊的小事，有的走到絕境而無路可走。季孫貪圖顓臾的土地，而禍亂起於自己的內部。進攻別人的人不能不考慮事情的可行性，為國君謀劃大事的人不能不效盡忠心。所以刑法建立，道德就沒有了；佞臣被重用，忠臣就失去了。《詩經》說：「式訛爾心，以蓄萬邦。」是說君主的一心端正，就可以教育感化天下，而□□國治，就是這個道理。

輔政第三

【題解】本篇言為政在用賢以自輔，正如《荀子・君道》之言：「卿相輔佐，人主之基杖也。」戴彥升《陸子新語・序》曰：「輔政篇言所任之必得其材。秦用刑罰以任李斯、趙高，而推其原于讒夫似賢，美言似信。」

夫居高者❶自處不可以不安，履危❷者任杖❸不可以不固。自處不安則墜，任杖不固則仆。是以聖人居高處上，則以仁義為巢，乘危履傾，則以聖賢為杖，故高而不墜，危而不仆。

【章旨】此章言居高者要以仁義為巢，以聖賢為杖。

【注釋】❶居高者　指位於高處的人。比喻居高位的人，即國君。❷履危　謂踏入危險的境地。❸任杖　使用拐杖。

【語譯】位於高處的人自己不能不注意安全，踏入危險境地的人使用的拐杖必須結實可靠。把自己置於不安全的地方就會墜落，使用的拐杖不結實就容易摔倒。所以聖人居於高處上位，就用仁義作為保險窩，踏入危險境地，就任用聖賢之材作為自己行走的拐杖，因此位高而不會墜落，履危而不會跌倒。

昔❶堯以仁義為巢，舜以禹、稷❷、契❸為杖，故高而益安，動而益固。然處高之安，承克讓之敬，德配天地，光被四表❹，功垂於無窮，名傳於不朽，蓋自處得其巢，任杖得其材也。秦以刑罰為巢，故有覆巢破卵之患❺，以趙高❻、李斯❼為杖，故有傾仆跌傷之禍，何哉？所任非也。故杖聖者帝，杖賢者王，杖仁者霸，杖義者強，杖讒❽者滅，杖賊❾者亡。

【章　旨】本章以堯舜及秦為例，說明用賢之必要。

【注　釋】❶昔　原作「者」，形近而誤。❷稷　即后稷，周的先祖。相傳他的母親曾欲棄之不養，故名棄。為舜農官，封於邰，號后稷，別姓姬氏。❸契　一作「偰」、「离」。商部族始祖。商原是東夷旁支，傳說簡狄氏「吞玄鳥卵而生」契，契治水有功，被舜任為司徒，掌管教化。❹光被四表　《尚書．堯典》文。光，一作「横」，一作「廣」。意同。意謂堯之功廣大無所不至。❺覆巢破卵之患　鳥窩被搗翻，窩裡的鳥蛋也就破爛了。比喻遭到徹底失敗。❻趙高　秦朝宦官，管事二十餘年，秦始皇死，自任郎中令，專權用事，賦役繁重，刑政苛暴。❼李斯　秦朝大臣，秦統一中國，任丞相，主張以法為教，以吏為師。❽讒　說別人的壞話。❾賊　謀害好人。

【語　譯】古時候堯以仁義作為自己的巢居，舜以稷、契作為自己行動的拐杖，所以他們位高而愈加安穩，行動愈加穩固。但他們處於平安的高位，還繼續保持著恭敬謙讓，德與天地相比，恩澤無所不至，功績永垂後世，聲名長傳不朽，這是因為他們所居處的是一個安全的巢，所用的拐杖是最理想的材料。秦朝以刑罰作為巢，因此有覆巢破卵的患害，以趙高、李斯作為拐杖，因此就有摔倒跌傷的災禍，這是為什麼呢？就是因為所任用的人不當啊！所以，任用聖者的人可以稱帝，任用賢者的人可以稱王，任用仁者的人可以稱霸，任用義者的人就可以強大，而任用讒者的人就滅國，任用賊者的人就身亡。

故懷剛者久而缺，持柔者久而長❶，躁疾者為厥❷速，遲重❸者為常存，尚勇者為悔近❹，溫厚者行寬舒，懷促急者必有所虧，柔懦者制剛強，小慧❺者不可以禦大，小辯❻者不可以說眾，商賈巧為販賣之利，而屈❼為貞良，邪臣好為詐偽，自媚飾非❽，而不能為公方❾，藏其端巧❿，逃其事功。

【章旨】此章剛柔之論，旨在反對刑罰，倡用仁義。

【注釋】❶柔者久而長　此據《老子》三十六章之言「柔弱勝剛強」。河上公注：「柔弱者久長，剛強者先亡也。」❷厥　通「蹶」。摔倒；挫敗。❸遲重　和緩而不輕佻。❹悔近　猶言災禍降臨。悔，災禍。❺小慧　謂小小之才。❻小辯　無關大體的論辯。❼屈　勉強。❽飾非　掩飾過失。❾公方　正直無私。❿端巧　末巧。端，末也。

【語譯】所以性情太剛的人時間長了就受挫，柔和的人才能維持長久，躁進疾行的顛蹶也就迅速；

和緩而不輕佻的就能常存，崇尚勇力的眼前就會招致災禍，溫順淳厚的前程寬暢舒坦，心懷暴躁急促的必然有所虧損，柔和懦弱的可以戰勝剛強，小小之才難以抵禦大的變亂，無關大體的論辯不可能說服眾人。商賈巧詐是為了追求販賣的利潤，卻勉強充當正直善良的人，奸邪之臣好為欺騙虛偽的事，自吹自擂以掩飾自己的過錯，而不能公正無私，隱藏自己的小智小巧，逃避對國家應盡的職責。

故智者之所短，不如愚者之所長，文公種米，曾子駕羊❶。相士不熟❷，信邪失方。察察❸者有所不見，恢恢❹者何所不容。朴質者近忠，便巧❺者近亡❻。

【章　旨】 此章言智者也有短處。

【注　釋】 ❶文公種米二句　二事皆無所考。駕，當作「枷」。戴上枷鎖，加以束縛。意謂米不可殖生，羊不能犕駕，而晉文公種之，曾子枷之，是亦知其不可為而為之，蓋務大者不知小也，應「智者之所短」之論。❷相士不熟　對士人考察不仔細。相，觀察；考察。熟，深知。❸察察　明察。❹恢恢　寬闊廣大貌。❺便巧　辯而巧，善於詭辯。便，辯也。❻亡　叛逃；反叛。

【語　譯】 所以智者的短處，不如愚者的長處。米不可能殖生，而晉文公種之；羊不可能犕駕，而曾子枷之。對士人考察不仔細，就會相信奸邪之人而失掉方正的人。明察秋毫的人也有看不到的地方，心懷寬廣的人能包容一切。樸直質實的人接近於忠誠，巧言善辯的人近於叛逃。

君子遠熒熒之色❶，放錚錚之聲❷，絕恬美❸之味，疏嗌嘔❹之情。天道以大制小，以重顛❺輕。以小治大，亂度千❻貞。讒夫似賢，美言似信，聽之者惑，觀之者冥。故蘇秦❼尊於諸侯，商鞅顯於西秦❽。世無賢智之君，孰能別其形？故堯放驩兜❾，仲尼誅少正卯❿；甘言⓫之所嘉，靡不為之傾，惟堯知其實，仲尼見其情⓬。故干⓭聖王者誅，遏⓮賢君者刑，遭凡王者貴，觸⓯亂世者榮。鄭儋亡齊而歸魯⓰，齊有九合之名⓱，而魯有乾時之恥⓲。夫據千乘之國，而信讒佞之計，未有不亡者也。故《詩》云：「讒人罔極，交亂四國⓳。」眾邪合黨，以回人君，國危民亡，不亦宜乎！

【章　旨】此章言君主應知實見情，排除讒佞之臣，任用聖賢。

【注　釋】❶熒熒之色　形容美人容顏光華貌。此代表美色。❷放錚錚之聲　謂放棄金屬、玉器的積聚。放，放棄。錚錚之聲，形容金屬、玉器等相撞擊聲。❸恬美　甜美。唐晏《陸子新語校注》曰：「『恬』疑作『甜』。」❹嗌嘔　謂恭維奉承的腔調。❺顛　「鎮」字的假借。唐晏《陸子新語校注》曰：「按『顛』當假為『鎮』，壓也。」❻千　當作「干」。干擾；擾亂。❼蘇秦　戰國時縱橫家，東周洛陽人，字季子。赴燕游說，受到親信，奉命入秦從事反間活動。曾勸齊湣王背約擯秦，被湣王任為相。曾發動韓、趙、魏、齊、燕五國合縱，迫秦去帝號，趙封他為武安君。

❽商鞅顯於西秦　商鞅少時學刑名之術，為魏相公孫座家臣，頗受器重，然未被任用。秦孝公求賢，應召入秦，提出變法主張，得以重用，主持變法二十年，以功封於商，號為商君。❾堯放驩兜　唐堯時，驩兜與共工同為作惡，被舜放逐到崇山。❿少正卯　春秋時魯國大夫。《荀子・宥坐》稱孔子為魯司寇時，少正卯以「心達而險，行辟而堅，言偽而辯，記醜而博，順非而澤」等罪名被殺。⓫甘言　諂媚奉承之言。⓬情　情實。⓭干　干犯；觸犯；抵觸。⓮遏　阻止。⓯觸　值也。⓰鄭詹亡齊而歸魯　《左傳》、《穀梁傳》作「鄭詹」，《公羊傳》作「鄭瞻」。唐晏《陸子新語校注》曰：「案《穀梁傳》莊十七年：『春，齊人執鄭詹。鄭詹鄭之佞人也。秋，鄭詹自齊逃來。逃義曰逃。』按乾時之敗，在莊九年，此蓋譏魯之因循不振耳，非必因詹致敗也。」⓱九合之名　謂齊桓公曾有九次會合諸侯的威名。《史記・齊太公世家》：「桓公曰：『寡人兵車之會三，乘車之會六，九合諸侯，一匡天下。』」⓲乾時之恥　魯莊公九年八月庚申，魯與齊師戰於乾時，魯師敗績。乾時，春秋時齊國的屬地。⓳讒人罔極二句　《詩・小雅・青蠅》文。意思是說：那捏造是非以陷害正人君子的讒人，為害之大，沒有止境，使四方的國家，彼此猜疑，互相攻擊而為亂。

【語　譯】君子不近美色，不重金銀財寶，不食甜美之物，不聽恭維奉承之詞。天地自然之道是以大治小，以重壓輕。如果以小治大，就會亂了法度，失了正道。讒臣看起來似乎賢良，甜言蜜語聽起來似乎真實，但是聽的人就會受到迷惑，看的人就會變得糊塗。所以蘇秦在諸侯間得到推崇，商鞅在秦國可以顯貴。世上要是沒有賢智的君主，誰能識別他們的本來面目呢？因此堯放逐驩兜，孔子誅殺少正卯。甜言蜜語悅耳動聽，無不為之傾倒，只有堯能洞曉其實質，仲尼能識別其本質。所以觸犯聖王的就受到誅殺，阻礙賢君的就受到制裁，遭遇平凡君王的人得到富貴，時值亂世的人得到榮耀。鄭儋逃離齊國而歸順魯國，齊國少了一個讒臣而有九合諸侯的威名，而魯國多了一讒臣就有了乾時的恥辱。據有千乘的國家，聽信讒佞之人的計策，就沒有不失敗的了。所以《詩經》說：「讒人罔極，交亂四國。」眾多的奸邪合成一黨，來傾覆人君，致使國家危難、人民流亡，不是應當的嗎？

無為第四

【題　解】此篇言秦始皇暴兵極刑驕奢之患，敘虞舜、周公詩歌禮樂之治，義在闡發無為而無不為之旨。倡導修身正己、任官得人的政治思想。

夫道莫大於無為❶，行莫大於謹敬❷。何以言之？昔虞舜治天下，彈五弦之琴❸，歌〈南風〉之詩❹，寂若無治國之意，漠若無憂民之心，然天下治。周公制作禮樂，郊天地❺，望山川❻，師旅不設，刑格❼法懸，而四海之內，奉供來臻，越裳之君，重譯來朝❽。故無為也，乃有為也。

【章　旨】此章以虞舜、周公、秦始皇治理天下的不同表現，提出無為而治的榜樣。

【注　釋】❶無為　指以德政感化人民，不施行刑治。❷謹敬　謹慎而警戒。❸五弦之琴　古樂器名。五弦的琴，所用者皆宮、商、角、徵、羽正音。❹南風之詩　古詩名。相傳為虞舜所作。❺郊天地　即於郊外祭祀天地。❻望山川　謂遙望而祭山川。❼格　猶言擱置。❽越裳之君二句　越裳，古南海國名。相傳周公輔佐成王，制禮作樂，越裳氏以三象重譯而獻白雉。重譯，輾轉翻譯。言其遠。

【語　譯】治國之道沒有比無為而治更大的了，行動沒有比謹慎警戒更重要的了。為什麼這樣說呢？古時候虞舜治理天下，彈奏五弦之琴，歌唱〈南風〉之詩，清靜得像沒有治理國家的樣子，悠閒得像沒有憂民的思想，但是天下卻達到了大治。周公制作禮樂，在郊外祭祀天地，望祭山川，不設軍隊，刑法也擱置不用，然而，四海之內，都來朝貢，連遠在南海的越裳國君，也經過輾轉翻譯而來朝。所以說無為就是有為。

秦始皇帝設刑罰❶，為車裂之誅❷，以斂姦邪；築長城於戎境❸，以備胡、越❹；征大吞小，威震天下，將帥橫行，以服外國。蒙恬❺討亂於外，李斯治法於內，事逾煩天下逾亂，法逾滋❻而姦逾熾❼，兵馬益設而敵人逾多，秦非不欲為治，然失之者，乃舉措暴眾❽，而用刑太極故也。

【章　旨】本章敘秦之所以亡，作為無為而治的反證。

【注　釋】❶刑罰　宋翔鳳《新語》校本云：「『刑罰』二字，依《治要》增。」❷車裂之誅　古代酷刑之一，以車撕裂人體。實不始於秦始皇，《戰國策》載有車裂蘇秦、《墨子》載有車裂吳起等。❸築長城於戎境　意謂在西部的少數民族地區修築長城。秦始皇統一六國，以戰國時諸侯國原有長城為基礎修築萬里長城，因地形起臨洮，東達遼東。❹以備胡越　防備胡人的攻擊。胡，古代泛稱北方邊地與西域的民族為胡。越，古時江浙粵閩之地的越族，在秦國之南。秦築長城為備胡越乃連言之。❺蒙恬　秦國將領。其祖先本齊人，自祖父蒙驁起世代為秦重臣。秦始皇二十六年為秦將，攻齊，大破之，任內史，秦統一六國後，率兵三十萬擊退匈奴，收復河南（今內蒙古河套一帶）地，並修築長城。居外十餘年，威震匈奴。始皇死，趙高矯詔逼令其自殺。❻滋　益；愈加。❼熾　昌盛。❽舉措暴眾　謂措施虐害民眾。舉措，措施。暴，凌虐；虐害。

【語　譯】秦始皇帝設置刑罰，大興車裂的酷刑，用來制裁姦邪的人；在西北邊境修築萬里長城，防備胡人的攻擊；征伐大國，吞併小國，威震天下，將帥橫行無阻，以征服外國。蒙恬在邊地討伐叛亂，李斯在朝內推行法治，做事越是煩勞天下就越是混亂，刑法越多天下為非作歹的也就越猖獗，軍隊設置得越多敵人也就越多，秦始皇不是不想使國家達到大治，然而事與願違，這是因為措施凌虐，傷害的人太多，而且用刑太過分的緣故。

是以君子尚寬舒以苞身❶，行中和❷以統遠❸。民畏其威而從其化，懷其德而歸其境，美其治而不敢違其政，民不罰而畏罪，不賞而歡悅。漸漬❹於道德，被服❺於中和之所致也。

【章　旨】此章規諷當世應尚寬舒、行中和。

【注　釋】❶苞身　身體豐滿厚實，謂為政寬舒則身逸不勞。苞，豐厚。❷中和　儒家中庸之道，認為「致中和」，則無事不達於和諧的境界。《中庸》：「喜怒哀樂之未發謂之中，發而皆中節謂之和。」❸統遠　謂統治廣大的地方。❹漸漬　浸潤，引申為沾染、感化。❺被服　以被服之不離身，喻親身感受。

【語　譯】所以君子崇尚寬容舒緩以豐厚其身，實行中和之道以統治廣大的地域。人民敬畏君子的威名而順從他的教化，感懷君子的道德而來到他的境內，贊美君子的治理而不敢違抗他的政令，即使不用施加懲罰，人民也不敢犯罪；不用實行獎賞，人民也感到歡悅。這是道德所感染，被中和之道所教化的結果。

夫法令者所以誅惡，非所以勸善。故曾、閔之孝，夷、齊之廉，豈畏死而為之哉？教化之所致也。故曰：堯、舜之民，可比屋而封❶；桀、紂之民，可比屋而誅❷者，教化使然也。故近河之地濕，近山之土燥，以類相及也。故山川出雲雨，丘阜生□氣❸，四瀆東流，百川無不從，小者從大，少者從多。

【章　旨】本章言國君須與教化以勸善。

【注　釋】❶比屋而封　謂家家都有德行，人人可以獎賞。封，指帝王把土地或爵位賜給有功或有德之人。這裡泛指各種獎賞。❷比屋而誅　謂家家都有罪惡，可以責罰。❸丘阜生□氣　宋翔鳳《新語》校本曰：「『氣』上本缺一字，《治要》不缺。」

【語　譯】法令可以用來懲罰罪犯，但不能用來規勸人們從善。所以曾參、閔子騫的孝行，伯夷、叔齊的清廉，難道是因為害怕法令才這樣做的嗎？不！這是教化使他們行孝尚廉。所以說：堯舜時代的人民，家家都有德行可以旌表，而桀紂時代，家家都有罪惡可以責罰。這是教化的好壞所決定的。所以靠近河流的土地潮濕，靠近山邊的土地乾燥，這說明事物都是連類而及的。雲雨首先從大山大河上興起，而小山小坡則生氣，江、淮、河、濟四大河流向東奔流，所有的大小河流無不跟著向東流去，這說明小的總是跟隨著大的，少的總是順從著多的。

夫王者之都，南面之君❶，臣姓之所取法□□，舉措動作，不可失法則也❷。昔者，周襄王❸不能事後母，出居於鄭❹，而下多叛其親。秦始皇驕奢靡麗，好作高臺榭❺，廣宮室，則天下豪富制屋宅者，莫不倣之，設房闥❻，備廄庫❼，繕❽雕琢刻畫之好，博玄黃琦瑋之色，以亂制度。齊桓公好婦人之色，妻姑姊妹❾，而國中多淫於骨肉，楚平王❿奢侈縱恣，不能制下檢⓫民以德，增駕百馬而行，欲令天下人餒⓬財富利，明不可及，於是楚國逾奢，君臣無別。故上之化下，猶風之靡草⓭也。王者尚武於朝，□農夫繕甲於田。故君之御下，民奢侈者則應之以儉，驕淫者則統之以理，未有上仁而下殘，上義而下爭者也。孔子曰：「移風易俗⓮。」豈家至之哉？先之於身而已矣。

【章旨】本章言君主是百姓的榜樣，上行下效，故國君舉措動作，不可失法度。

【注釋】❶南面之君　指君主。古代以坐北朝南為尊位，故天子諸侯見群臣，皆南面而坐。❷不可失法則也　此言舜與周公無為而天下治，秦人法煩而天下亂。總論為治當尚寬舒，以舜與周公為法，以秦為鑒。❸周襄公　周惠王之子，名鄭，《春秋》載：魯僖公八年（西元前六五二年）繼位，在位三十三年。❹出居於鄭　被驅逐而居於鄭國。《公羊傳》僖公二十四年：「冬，天王出居于鄭。王者無外，此其言出，何？不能乎母也。」❺臺榭　指亭臺舞榭等豪華富麗的建築。❻闥　夾室，寢室左右的小屋。❼廄庫　謂飼養牲口的棚子和儲藏財物的房舍。❽繕　修補；修整。❾妻姑姊妹　謂以姑、姊、妹為妻。❿楚平王　名棄疾（一名居），楚靈王之子。周景王十六年（西元前五二九年）陳、蔡、許、葉四族之眾叛楚，攻入楚都，楚靈王自縊，公子棄疾殺公子比而自立，是為楚平王，在位十三年。⓫檢　考察。⓬餒　宋翔鳳《新語》校本作「饒」，當是。⓭風之靡草　風一吹，草就隨著仆倒。比喻在上位者以德化民。⓮移風易俗　謂改變風氣與習俗。

【語譯】帝王的都城，南面而坐的國君，乃是老百姓效法的榜樣，君主的言談舉止動作，不能夠失去道德法則。古時候，周襄王不能事奉後母，被驅逐出都而居於鄭國，這樣，天下的臣民多有背叛其父母的。秦始皇驕橫奢侈，喜好華靡美麗，建造高臺樓榭，擴展宮殿，這樣，天下的豪富人家建造庭院房屋，莫不倣效秦始皇的奢華，增設夾室，備建馬廄和庫房，並在建築物上裝飾雕琢刻畫，博採各種珍奇稀異彩色，以示華麗，搞亂了各種人的居處都有一定的制度。齊桓公好婦人之色，以自己的姑、姊、妹為妻，這樣，齊國內就出現了姦淫親生骨肉的現象。楚平王奢侈縱慾，不能治理國家，不能以道德的標準去考察國民，只懂得把駕車的馬增加到百匹，要想讓天下的老百姓富裕豐足，顯然是辦不到的，於是楚國的人們都過度奢侈，君和臣的等級區別沒有了。可見君王影響臣民，就好像狂風吹倒野草那樣容易。君王在朝廷裡推崇武事，老百姓就會在鄉村整治鎧甲兵器。所以君子治理天下，臣民奢侈的話，就應該相應地提倡節儉；臣民如果驕橫淫亂的話，就應該用仁義道德的道理去規範他們的言行。沒有君主仁愛而臣民為害社會的，也沒有君主實行道義而臣民爭名奪利的。孔子說：「移風易俗。」難道是到家家戶戶去移易嗎？只是要君王首先以自己的實際行動作出表率而已。

辨惑第五

【題解】本篇言忠言之逆耳，諛言之動聽，流言之害聖，君主應明辨細察。唐晏《陸子新語校注》曰：「此篇義主遠佞人，去其害仁義者也。」

夫舉事❶者或為善而不稱善，或不善而稱善者，何？視之者謬而論之者誤也。故行或合於世，或順於耳❷，斯乃阿上❸之意，從上之旨；操直而乖方❹，懷曲而合邪；因其剛柔之勢，為作縱橫之術❺，故無忤逆之言❻，無不合之義者❼。

【章旨】此章言為善而不稱善，為不善而稱善的原因。

【注　釋】❶舉事　辦事；行事。❷順於耳　中聽，聽起來好受。❸阿上　謂迎合、曲從君主和上司。❹操直而乖方　意謂品行正直的人往往不合時宜。方，適宜。❺縱橫之術　合縱連橫之術，有權變之意。戰國時，蘇秦主張合縱，合山東六國以抗秦；張儀主張連橫，說六國以奉秦。❻忤逆之言　違反、觸犯上意之言。❼無不合之義者　謂沒有不合上意的含義。此「義」猶今所謂意義、意思，與仁義之義有別。

【語　譯】做事的人有做得好的卻得不到人們的稱道，有的做得不好，人們反而稱贊他，這是為什麼呢？是觀察者的偏差再加上評論者的謬誤。所以，行為符合世俗的要求，言辭聽起來舒服順耳，這大多是因為迎合了當權者的心意，順從了統治者的旨意。品行正直的人常常不合時宜，心懷不正的人正好符合姦邪者的需要。能因順當軟當硬的形勢，推行權變之術，因此沒有逆耳之言，也沒有違背時勢的含義。

昔哀公❶問於有若❷曰：「年饑，用❸不足，如之何？」有若對曰：「盍徹乎❹？」蓋損上而歸之於下，則忤於耳而不合於意，遂逆而不用也。此所謂正其行而不苟合❺於世也。有若豈不知阿哀公之意，為益❻國之義哉？夫君子直道❼而行，知必屈辱而不避也。故行不敢苟合，言不為苟容❽，雖無功於世，而名足稱也；雖言不用於國家，而舉措之言可法也。

【章　旨】此章言君子直道而行，言行不苟合。

【注釋】❶哀公　此謂魯哀公。周敬王二十五年（西元前四九五年）魯定公卒，子蔣繼位，是為哀公。❷有若　孔子弟子，字子有。春秋魯人。主「禮之用，和為貴」，孔子死後，門人以有若貌似孔子，曾一度奉以為師。❸用　費用。❹盍徹乎　謂何不執行天下的通法呢。事見《論語·顏淵》篇。《集解》引鄭玄曰：「盍，何不也。周法什一而稅謂之徹。徹，通也，為天下通法。」❺正其行而不苟合　謂正直的行為但不能迎合世俗之人的需要。❻益　增益；增加。❼直道而行　依照正道行事。❽言不為苟容　言語不苟且容於世俗。

【語譯】昔日魯哀公問孔子的弟子有若說：「年穀不熟，國用不足，怎麼辦呢？」有若回答說：「何不依天下的通法來收稅呢？」這回答有損於國庫而有益於百姓，哀公聽起來不順耳又不符合心意，於是拒而不用。這就是按正道行事而不隨便迎合世俗的看法。有若難道不懂得迎合魯哀公的意願，說些增加國家收入的話嗎？當然不是，君子直道而行，明知會遭到壓抑乃至打擊也是不迴避的。所以行為不隨便附和世俗，言語不苟且容於世俗，雖然對當世沒有功績，但他的聲名是值得稱道的；雖然言論沒有被國家採用，但他的行為足以供人效法的。

故殊於世俗，則身孤於士眾，夫邪曲之相銜❶，枉橈之相借❷，正❸直故不得容其間。諂佞❹之相扶，讒口之相譽，無高而不可上，無深而不可往者，何？以當背❺眾多，而辭語諧合。

【章旨】此章言諂佞讒口危害之大且深，不可不防。

【注釋】❶邪曲之相銜　謂邪惡的和不正的相互包含。❷枉橈之相借　謂不正的人互相庇護。橈，彎曲。❸正原缺，據唐晏《陸子新語校注》訂補。❹諂佞　奸巧諂諛，花言巧語。❺當背　宋翔鳳《新語》校本作「黨輩」，當是謂同道而結合的人。

【語譯】所以，與世俗不同的人，在士大夫之中孤立無援，而那邪惡不正的人相互勾結，心懷不軌的人相互庇護，正直不阿的人因此不可能容身其間。奸巧諂諛的相互扶持，誹謗忠良的人互相吹捧，他們沒有什麼高處不能達到的，沒有什麼深處不能前往的，為什麼呢？因為他們拉幫結派，黨徒眾多，而且他們言辭動聽，完全符合世俗的需要。

夫眾口之毀譽，浮石沉木❶。群邪所❷抑，以直為曲。視之不察，以白為黑。夫曲直之異形，白黑之異色，乃天下之易見也，然自謬也，或不能分明其是非者，眾邪誤之矣❸。

【章旨】此章言眾口所毀，可顛倒黑白，不可不察。

【注釋】❶浮石沉木　石頭浮在水面而木頭卻沉在水底。喻謠言多，可混淆是非。❷所　《意林》、《御覽》引均作「相」。❸然自謬也三句　宋翔鳳《新語》校本依《治要》校作「然而目謬心惑者，眾邪誤之」。

【語譯】眾口一詞，或毀謗或贊譽，足可使石頭浮上水面，也能使輕木沉入水底。眾多邪佞的人造謠，足可把直的說成是曲的。雖然看到了，但不仔細辨別，就可能把白的當成黑的。曲的和直的完全是不同的形狀，白色的和黑色的完全是不同的顏色，這是天下所有的人都能看出來的，但謬誤仍然發生了，有人竟不能分清事物的黑白曲直，其原因是有眾多邪佞的人造謠惑眾，混淆是非，顛倒黑白，使他們造成錯誤。

至如秦二世之時，趙高駕鹿而從行，王曰：「丞相何為駕鹿？」高曰：「馬也。」王曰：「丞相誤也，以鹿為馬。」高曰：「陛下以臣言不然，願問群臣。」於是乃問群臣，群❶臣半言鹿半言馬❷。當此之時，秦王不能自信其目❸，而從邪臣之說。夫馬鹿之異形，眾人所知也，然不能分別是非也，況於闇昧❹之事乎？《易》曰：「二人同心，其義斷金。」❺群黨合意❻，以傾一君，孰不移哉！

【章旨】此章以趙高指鹿為馬為證，說明奸佞之人極混淆是非之能事。

【注釋】❶於是乃問群臣群　此七字原本無，此依《治要》、《御覽》增。❷半言鹿半言馬　趙高指鹿為馬事，古書多有載，略有出入。唐晏《陸子新語校注》曰：「按事亦見《史記》，作『高持鹿獻於二世，曰：馬也。二世笑曰：丞相誤耶，謂鹿為馬。問左右，或默，或言馬』。此事或陸生親見之，所說當確於史公。」❸目　原本作「自」，據《治要》、《御覽》校正。❹闇昧　昏暗不明，模糊不清。❺二人同心二句　今傳《易・繫辭上》作「二人同心，其利斷金」。❻群黨合意　謂眾多的奸佞邪惡相互勾結，沆瀣一氣。

【語譯】至於像秦二世那個時候，丞相趙高騎著鹿跟隨著秦二世，秦二世說：「丞相為什麼騎鹿？」趙高說：「是馬。」二世說：「丞相錯了，把鹿當成了馬。」趙高說：「陛下如果認為我的話不對，請你問問大家。」於是，二世問群臣，群臣中有說是鹿，也有說是馬的。在這樣的時候，秦二世連自己的眼睛也不相信了，只好聽從邪佞臣子的瞎說。馬和鹿的形貌顯然不同，大家是知道的，這樣清楚明白的事都不能分清是非，何況那些模糊不清的事情呢？《易經》說：「如果二人同一條心，其鋒利足以斷截堅硬的金屬」。邪佞奸惡之徒相互勾結，沆瀣一氣，共同來傾倒、折服一個國君，哪有不被制服的國君呢！

昔人有與曾子同姓亦名參❶，有人告其母：「參殺人。」母織如故。有人復來告，如是者三，曾子母乃投杼踰垣而去❷。曾子之母非不知子不殺人也，言之者眾。夫流言❸之並至，雖真聖不敢自安，況凡人乎？

【章旨】此章以曾母誤信流言為例，言流言之可畏，正直之難信。

【注釋】❶與曾子同姓亦名參　曾參是春秋末魯國人，孔子的得意門人，以孝行見稱。《戰國策・秦策二》云：「費人有與曾子同名族者。」❷投杼踰垣而去　謂扔下織布的梭子翻越圍牆跑去。杼，織布用的梭子。垣，短牆。❸流言　謠言；沒有根據的話。

【語譯】以前，有一個人同曾參同姓而且名也叫參，殺了人。有人告訴曾子的母親說：「曾參殺了人。」曾母還是和以前一樣織布。有個人又來說，這樣反覆三次，曾子母親就信以為真，扔掉織布的梭子翻過圍牆跑去。曾子的母親不是不知道曾子不會殺人，但說的人多了就相信是真的了。沒有根據的話許多人同時說，就是真正的聖人也會感到不安，更何況普通的人呢？

魯定公之時❶，與齊侯❷會於夾谷❸，孔子行相事❹，兩君升壇❺，兩相處下，而相欲揖❻，君臣之禮，濟濟❼備焉。齊人鼓譟❽而起，欲執魯公。孔子歷階❾而上，不盡一等而立，謂齊侯曰：「兩君合好，以禮相率，以樂相化。臣聞嘉樂不野合，犧象之薦不下堂❿。夷狄之民何求為⓫？命司馬⓬請止之。」定公曰：「諾。」齊侯逡巡⓭而避席⓮曰：「寡人之過。」退而自責大夫。罷會，齊人使優旃⓯儛於魯公之幕下，傲戲，欲候魯君之隙，以執定公。孔子嘆曰：「君辱臣當死⓰。」使司馬行法斬焉，首足異門⓱而出。於是齊人懼然而恐，君臣易操，不安其故行，乃歸魯四邑之侵地⓲，終無乘⓳魯之心，鄰□⓴振動，人懷嚮魯之意，強國驕君，莫不恐懼，邪臣佞人，變行易慮，天下之政，□□而折中㉑。而定公拘於三家㉒，陷於眾口㉓，不能卒用孔子者，內無獨見之明㉔，外惑邪臣之黨，以弱其國而亡其身，權歸於三家，邑土單㉕於彊齊㉖。夫用人若彼，失人若此；然定公不覺悟，信季孫之計㉗，背貞臣㉘之策，以獲拘弱㉙之名，而喪丘山㉚之功，不亦惑乎！

【章　旨】此章言魯定公被奸邪之臣所惑，不用孔子，終至身敗名裂。

【注　釋】❶魯定公之時　此指魯定公十年（西元前五〇〇年）。周敬王十年（西元前五一〇年），魯昭公卒於乾侯，季孫立昭公弟公子宋，是為定公，在位十五年。❷齊侯　即齊景公。周靈王二十四年（西元前五四八年），齊崔杼殺其君莊公，立莊公弟杵臼，是為景公，在位五十八年。❸會於夾谷　《左傳・定公十年》：「夏，以會齊侯于祝其，實夾谷。」今山東萊蕪縣南三十里有夾谷峽，顧炎武《肇域記》謂即魯定公會齊侯處。❹行相事　指做贊禮的事。相，贊禮。❺壇　祭場。在平坦的地上，用土築的高臺。古代祭天神及遠祖、朝會、盟誓、拜將等大事皆立壇以示鄭重。❻揖　古時拱手禮。❼濟濟　盛儀貌。❽鼓譟　擊鼓呼叫。❾歷階　登階。❿嘉樂不野合二句　鐘磬之樂不得設在郊野，相會的享燕應當設在宮內。嘉樂，古代鐘鼓之樂。犧象，飾有鳥形、鳥羽或象骨的酒器，指諸侯相見的享燕。嘉樂、犧象是古時享燕正禮，應當設在宗廟或宮廷，不得違禮而行於野。⓫夷狄之民何求為　宋翔鳳《新語》校本曰：「『求』當依《穀梁》作『來』。」范甯注云：「兩君和會，以結親好，而齊人欲執魯君，此為無禮之甚，故謂夷狄之民。」按陸氏敘夾谷之會，本於《穀梁傳》，文中但稱齊人鼓譟，故宋氏作如此解。據《左傳》，齊人係「使萊人兵劫魯侯」。萊為東夷（見《禹貢》）族，故孔子謂之夷狄之民。⓬司馬　官名，掌兵事。⓭逡巡　遲疑徘徊，欲行又止。⓮避席　離席退卻。⓯優旃　舞於魯公幕下　《穀梁傳》作「優施舞於魯君之幕下」。優，扮演雜戲的人。⓰君辱臣當死唐晏《陸子新語校注》曰：「按『君辱臣當死』，《穀梁》作『笑君者罪當死』。詳此文義，當作『臣辱君當死』，為後人妄改。」⑰門　原本作「河」，依《穀梁傳》校改。⑱歸魯四邑之侵地　把以前侵占的四邑歸還給魯國。《公羊傳》定公十年〈疏〉云：「其四邑者，蓋運也，讙也，龜也，陰也。」⑲乘　戰勝；壓服。⑳鄰□　宋翔鳳《新語》校本曰：「別本作『鄰邦』，不缺。」㉑□□而折中　宋翔鳳《新語》校本曰：「別本作『就而折中』。」㉒三家　謂仲孫、叔孫、季孫。㉓眾口　指流言。㉔獨見之明　見人所不見的明智。㉕單　唐晏《陸子新語校注》曰：「『單』與『殫』，古通用字。」意為盡。㉖齊　「齊」以下二百二十八字錯入〈慎微篇〉，此據明人刻《子彙》本校正。㉗信季孫之計　相信季孫的計謀。《公羊傳》定公十二年：「叔孫州仇帥師墮郈。……季孫斯、仲孫何忌帥師墮費。曷為帥師墮郈、帥師墮費？孔子行乎季孫，三月不違，曰：『家不藏甲，邑無百雉之城，於是帥師墮郈，帥師墮費。』」何休注：「郈，叔孫氏所食邑。費，季氏所食邑。二大夫宰吏數叛，患之，以問孔子，孔子曰：『陪臣執國命，采長數叛者，坐邑有城池之固，家有甲兵之藏故也。』季氏說其言而墮之。」〈疏〉云：「傳云：『孔子行乎季孫，三月不違。』以此言之，三月之外違之明矣。」「信季孫之計，背貞臣之策」者，蓋指此也。㉘貞臣　忠貞之臣。此謂孔子。㉙拘弱　似無解，或為「極弱」之誤。因形近所致。㉚丘山　喻重大。

【語　譯】 魯定公時，定公與齊景公約定在夾谷相見，孔丘擔任贊禮的相，兩國君主登上高臺，兩國的相處於臺下，準備互相拱手行禮，君臣上下有序，禮儀威嚴而齊備。齊國的人擊鼓群呼，想要捉拿魯定公。孔子快速地登階而上，站立在距臺面還有一級的地方，對齊景公說：「兩國君主合好，互相以禮為表率，以樂相感化。我聽說鐘磬之樂不得設在郊野，相會的享燕應當設在宮內。現在你們這些野蠻的違禮之徒想幹什麼？請命令司馬加以制止。」定公說：「好。」齊景公遲疑了一下，離席說：「這是我的過錯。」並斥責了齊國的大臣。會面結束以後，齊國派遣演雜戲的旃到魯定公的帳篷裡演雜戲，以傲慢的態度嘲笑定公，並想乘定公不備，捉拿定公。孔子嘆息道：「臣子侮辱君主，罪當死。」

要司馬依照法令處斬，把這個嘲笑定公的旃斬為兩截，頭和腳從不同的門搬了出去。於是齊國人感到驚惶失措，君臣改變了自己的行為，對過去的所作所為深感不安，於是就把以前侵占的運、讙、龜、陰四邑歸還給魯國，終於死了侵占魯國之心。這件事也使相鄰的其它國家受到振動，人們都產生欽佩魯國的心情，強大的國家和驕橫的君主莫不感到恐懼，邪臣佞人都改變自己的言行思想，天下之政，都以孔子的話作為判斷是非的標準。但是，魯定公受制於仲孫、叔孫、季孫三家，又被流言所迷惑，任用孔子不能堅持到底，這是因為沒有超人的明智，加上邪臣奸佞之黨的迷惑，因而使國力微弱，最後連自身也不保，權力歸於仲、叔、季三家，國土盡歸於強大的齊國。任用賢人是那樣的強盛，失去賢人又是這般的衰弱。可是定公就是認識不到這一點，相信季孫的奸計，拋棄孔丘的良策，因此獲得極弱的名聲，而喪失了建立大功的機會，這不是被流言所惑嗎？

故邪臣之蔽賢，猶浮雲之鄣日月❶也，非得神靈之化，罷雲霽翳❷，今歸山海，然後乃得覩其光明，暴❸天下之濡濕❹，照四海之晦冥❺。今上無明王聖主，下無貞正❻諸侯，誅鉏姦臣賊子之黨，解釋疑滯❼紕繆❽之結，然後忠良方直之人，則得容於世而施❾於政。故孔子遭君暗臣亂，眾邪在位，政道隔於王家，仁義閉於公門❿，故作〈公陵〉之歌⓫，傷無權力於世，大化⓬絕而不通，道德施⓭而不用，故曰：無如之何者，吾末如之何也已矣⑭。夫言道因權而立，德因勢而行，不在其位者，則無以齊⑮其政，不操其柄者，則⑯無以制其剛⑰。《詩》云：「有斧有柯⑱。」言何以治之也。

【章　旨】此章言忠佞難分，讒邪易惑，賴國君辨之。

【注　釋】❶浮雲之鄣日月　喻邪佞之毀忠良。鄣，通「障」。❷罷雲霽翳　意謂驅散雲霧。罷，停止。霽，消釋。翳，掩蔽物。此指雲霧。❸暴　同「曝」。曬也。❹濡濕　濕潤。❺晦冥　昏暗。❻貞正　忠貞正直。❼紼　唐晏《陸子新語校注》曰：「今漢魏本作『滯』，此從范本，然實當作『蹛』。」紼、滯、蹛三字音義並同，謂積也。❽紕繆　錯誤。❾施　推行。❿公門　君主之門。⓫公陵之歌　唐晏校注本、《彙函》本作「〈丘陵〉之歌」，《孔叢子・記問》載：「哀公使人以幣如衛迎夫子，而卒不能當，故夫子作〈丘陵〉之歌曰：『登彼丘陵，峛崺其阪，仁道在邇，求之若遠，遂迷不復，自嬰屯蹇。喟然迴慮，題彼泰山，鬱確其高，梁甫迴連，枳棘充路，陟之無緣，將伐無柯，患茲蔓延，惟以永歎，涕霣潺湲。』」⓬大化　天地陰陽的變化。⓭施　蓋為「弛」之誤。弛，丟開；忘卻。⓮無如之何者二句　做事不先審慎考慮怎麼辦的人，對這一種人，我也不知道怎麼辦了。末，作「無」字講。《論語・衛靈公》：「子曰：『不曰如之何，如之何者，吾末如之何也已矣。』」⓯齊　齊一；統一。⓰則　此以上二百二十八字，錯入〈慎微〉篇。唐晏《陸子新語校注》曰：「按此上文自『齊夫』至此二百二十八字，訛在第六篇『人不堪其憂』下，惟明人刻《子彙》本不誤。」⓱剛　當作「罰」。⓲有斧有柯　斧子和斧柄。今《詩經》無此文。〈豳風・伐柯〉云：「伐柯如何，罪斧不克。」又云：「伐柯伐柯，其則不遠。」此蓋約其意。斧喻政教，柯喻君主的權柄。

【語　譯】所以邪佞之臣詆毀賢良，就好像浮雲遮擋日月一樣，只有依靠神靈的威力，把烏雲迷霧驅趕到深山大海裡去，然後才能看到日月的光輝，才能讓日月之光曝曬天下潮濕之地，照亮四海昏暗之處。現在上面沒有聖明的王者，下面又沒有忠貞的諸侯，不能誅除姦臣賊子之黨，解除疑難錯誤的癥結，以使忠厚、賢良、方正、耿直的人得以容身於世，施展其治國的才能。所以孔子遭遇君昏臣亂的時代，眾多的邪佞之臣執掌大權，正確的為政之道被阻擋於王室（指周朝）之外，仁義也被諸侯的公門所隔絕。於是作〈丘陵〉之歌，感歎在當世沒有權力，致使陰陽之化阻塞不通，天時不順，道德被遺棄而不得施用。所以他說：「做事不先審慎考慮怎麼辦的人，對這一種人，我也不知道怎麼辦了。」談論道和德都需依杖權勢才能推行，不處在有權的地位，就沒有辦法統一政令，不執掌政柄，就無法制定賞罰。《詩經》說：「有斧有柯。」是說掌握執政的權柄，要如何去使用它。

慎微第六

【題解】此篇言君主應注重自身修養，「修於閨門之內，行於纖微之事」，方能革君心之非，袪仁義之蔽，盡聖賢之能，達到天下大治。

夫建大功於天下者，必先修於閨門之內❶，垂大名於萬世者，必先行之於纖微❷之事。是以伊尹❸負鼎❹，屈於有莘❺之野，修達德於草廬❻之下，躬執農夫之作，意懷帝王之道，身在衡門❼之裏，志圖八極❽之表，故釋負鼎之志，為天子之佐，剋夏立商，誅逆征暴，除天下之患，辟❾殘賊之類，然後海內治，百姓寧。曾子孝於父母，昏定晨省❿，調寒溫，適輕重⓫，勉之於糜粥⓬之間，行之於衽席⓭之上，而德美重於後世。此二者，修之於內，著之於外；行之於小，顯之於大。

【章　旨】此章以伊尹為例，言修身慎微的必要。

【注　釋】❶闈門之內　謂內室。❷纖微　細小。❸伊尹　商湯臣。名摯。關於他的出身，傳說不一，一說為「有莘氏之媵臣」，即湯妻陪嫁的奴僕；一說負鼎割烹以干湯；一說本耕於有莘之野。本篇參用後二說。他被湯任用後，佐湯伐夏桀，被尊為阿衡（相當於宰相），連保湯、外丙、中壬三朝。湯死後，孫太甲嗣位，怠於政事，伊尹把他放逐到桐宮，三年後迎之復位。自此不再干與政事，至沃丁時死。❹負鼎　背著烹具。此指伊尹善烹調，背著烹鼎求見商湯王，以求進用。❺有莘　即古莘國，在今山東曹縣北。❻草廬　結草為廬，多指隱者所居。❼衡門　橫木為門。指簡陋之門。❽八極　八方極遠的地方。❾辟　排除。❿昏定晨省　指子女早晚向父母請安。⓫調寒溫二句　謂關心父母穿著適中。⓬糜粥　稀飯。糜即粥。⓭衽席　古人坐臥之具。分言之，衽指臥席。

【語　譯】在天下建立大功業的人，必定是先在內室裡修養身心，大名永垂後世的人，必定是先從纖微細小的事情做起。所以伊尹背著烹具，屈居於有莘的山野之中，在茅草搭的房子裡修習可以傳之久遠的道德規範，親身從事農夫的活計，而心裏卻懷著帝王治國之道，身在簡陋的門內，而志向卻在治理整個天下。因此，放棄他負鼎的志向，成為天子的輔佐，戰勝夏桀，建立商朝，誅除叛逆，征討暴亂，掃除天下的禍患，排除破壞社會的敗類，然後使天下大治，百姓安寧。曾子孝敬父母，晚間服侍就寢，早晨省視問安，關心父母對冷暖是否適應，衣服厚薄是否適宜，在糜粥這類適合於老人食用之物上特別注意，在關心老人的坐臥是否舒適這類問題上力行不倦，因而他的美德為後世所敬重。這兩個人都是修身於內室，而美名昭著於外；做的雖是纖微小事，卻能顯示出重大的作用和影響。

顏回一簞食，一瓢飲，在陋巷之中，人不堪其憂，回也不改其樂❶，禮以行之，遜❷以出之。夫力學❸而誦《詩》、《書》，凡人所能為也；若欲移江河❹、動太山❺，故人力所不能也。如調心❻在己，背惡向善，不貪於財，不苟於利❼，分財取寬❽，服事❾取勞，此天下易知之道，易行之事也，豈有難哉？若造父❿之御馬，羿⓫之用弩⓬，則所謂難也。君以⓭不以其難⓮為之也，故不知⓯以為善也，絕⓰氣力，尚德也。

【章　旨】此章言尚德乃易行之事，只要想做就能辦到。

【注　釋】❶顏回一簞食五句　此為《論語・雍也》文字。顏回，字子淵，為孔子得意門人，以德行著稱，貧而好學，篤于存仁。年三十二死，後人稱為「復聖」。簞食瓢飲，用竹器盛飯吃，用瓢舀水喝，形容生活清苦。❷遜　恭順；謙遜。❸力學　盡力學習。❹江河　指長江、黃河。❺動太山　移動泰山。❻調心　調息身心，使之符合道德的要求。

❼不苟於利　不隨便獲取利益。❽寬　樾俞《新語平議》曰：「樾謹案：『寬』字無義，疑『寡』字之誤。」❾服事　謂服公務，即為公家辦事。❿造父　周時之善御者，傳說曾取駿馬以獻穆王，王賜造父以趙城。⓫羿　夏之諸侯，有窮之君，善射，百發百中。⓬弩　用機械發射的弓，亦叫窩弓，力強可以及遠。⓭君以　當作「君子」。⓮難　唐晏《陸子新語校注》曰：「此處當有『而』字。」⓯知　唐晏《陸子新語校注》曰：「『知』當作『如』，然仍有誤。」按：「知」字疑衍，其意蓋謂不以善御善射為善。⓰絕　戒；杜絕。

【語　譯】顏回只有一簞的食物，一瓢的飲料，艱苦地生活在簡陋的小巷裡，別的人難以忍受這種貧苦的生活，顏回卻一直保持快樂的生活態度，言行不失禮儀，表現出謙遜的態度。盡力學習，誦讀《詩》、《書》，這是普通人也能夠做的，假若是想移動長江、黃河，搬動泰山，就不是人的力量所能辦到的了。又如調息自己的身心，拋棄作惡的念頭，一心向善，不貪戀金錢財物，不隨便獲取利益，分配財物時取少的一份，為公家服務，不辭勞苦，這些是天下所有的人都懂得的道理，容易做的事情，難道有什麼難辦的嗎？如果要像造父那樣善於御馬，羿那樣善於用弩的絕技，就是所謂難事了。君子不因為是難事就去做，所以不認為做這種難事是善的，為的是杜絕武力，崇尚道德。

夫目不能別黑白，耳不能別清濁❶，口不能言善惡，則所謂不能也。

故設道者易見曉，所以通凡人❷之心，而達不能之行。道者，人之所行也。夫大道履之而行❸，則無不能，故謂之道。孔子曰：「道之不行也❹。」言人不能行之。故謂顏淵曰：「用之則行，舍之則藏，唯我與爾有是夫。」❺

言顏淵道施於世而莫之用❻。猶人不能懷仁行義，分別纖微，忖度天地❼，乃苦身勞形，入深山，求神仙，棄二親，捐骨肉，絕五穀，廢《詩》、《書》，背天地之寶❽，求不死之道❾，非所以通❿世防非者也。

【章旨】此章言神仙不可求，不如懷仁行義，建功立業。

【注釋】❶清濁　本指水之清濁，此謂聲音的清濁。❷凡人　世俗人，與「仙人」相對。❸大道履之而行　謂遵循著大道而行進。❹道之不行也　《禮記・中庸》：「子曰：『道之不行也，我知之矣。』」❺唯我與爾有是夫　此《論語・述而》文。《集解》：「孔曰：言可行則行，可止則止，唯我與顏淵同。」《正義》：「言時用之則行，舍之則藏，用舍隨時，行藏不忤於物，唯我與汝同有是行夫。」按：審下文，陸氏的理解與此異。❻莫之用　唐晏《陸子新語校注》曰：「此古《論語》說。」按：陸氏之意謂道不為世用，非謂人不為世用，與今傳《論語》注解不同，故唐晏說是古《論語》說。❼懷仁行義三句　見〈道基〉篇十七章，是謂聖人所為，故此言「人不能」。❽天地之寶　《易・繫辭下》：「天地之大德曰生，聖人之大寶曰位。」陸氏蓋略用其意，以生命為天地之寶，求仙者勞心若形，故說背天地之大寶。❾求不死之道　秦始皇迷信神仙，曾多次派方士入海求仙，規模最大的一次派方士徐福帶著數千名童男童女、五穀種和各種工藝匠人，東航入海求仙，以求不死之道。❿通　唐晏《陸子新語校注》曰：「疑誤。」

【語譯】眼睛不能分別顏色的黑白，耳朵不能辨別聲音的清濁，口不能說明行為的善惡，這是所謂能力不夠。所以設立道的人考慮到這一點，所設之道容易讓人知曉，以便讓它深入普通人的心，讓那些「不能」分辨黑白、清濁、善惡的人也變得清醒明白。所謂道，就是人們所行走的路。踏著大道前進，則就沒有不能的了，所以叫做道。孔子說：「道之不行也。」是說有道而人不能實行。所以他對顏淵說：「當世能用道，則道行，不用，道就隱藏起來了，只有我和你有這種情況啊！」這是說顏淵之道雖傳播於世，而不被當世所採用。這就好像人不能胸懷仁愛奉行正義，不能分別纖微，不能揣測天地之意而順應自然，反而要去折磨自己的身體，到深山裡去尋求神仙，背離父母，拋棄子女，不食五穀，廢掉《詩》、《書》，不愛惜天地賦予的寶貴生命，尋求什麼不死之道，這就不是用來通曉世務、防止謬誤的途徑。

若湯、武之君，伊、呂之臣，因天時而行罰❶，順陰陽而運動❷，上瞻天文，下察人心，以寡服眾，以弱制強，革車❸三百，甲卒❹三千，征敵破眾，以報大讎，討逆亂之君❺，絕煩濁之原❻，天下和平，家給人足❼，匹夫行仁，商賈❽行信，齊天地，致鬼神，河出圖❾，洛出書❿，因是之道，寄之天地之間，豈非古之所謂得道⓫者哉？

【章　旨】此章言君主當如湯、武、伊、呂之遵道而行。

【注　釋】❶行罰　實行刑罰。舉罰兼包賞。❷運動　轉動運行。❸革車　兵車。❹甲卒　披甲的戰士。❺逆亂之君　此指夏桀、殷紂。❻煩濁之原　混亂的根源。❼家給人足　家家富裕，人人飽暖。❽商賈　商人。一般認為行者為商，坐者為賈。❾河出圖　古代關於《周易》八卦來源的傳說。《易．繫辭上》：「河出圖，洛出書，聖人則之。」孔傳謂河圖即八卦。鄭玄以為帝王聖者受命之瑞。《禮記．禮運．疏》引《中候握河紀》有堯受河圖事，《廣博物志》

十四引《尸子》有禹受河圖事。❿洛出書　上古傳說由洛水出現的圖畫。說法不一，大致說大禹治水時，神龜從洛水出現，背上有九組不同點數組成的圖畫，即上天示給大禹的九種治國大法，是為「洪範九疇」。漢劉歆以為《尚書》的〈洪範〉即為〈洛書〉。《漢書．五行志上》謂〈洪範〉文中由「初一曰五行」起到「畏用六極」共六十五字，即〈洛書〉本文。⓫得道　符合道義。

【語譯】像商湯、周武那樣的君主，像伊尹、呂尚那樣的大臣，按照天時而實行賞罰，順應陰陽的運動而行。對上仰觀天文，對下體察民情，用少的仁義之師降服眾多的亂軍，用弱小克制強大，以兵車三百輛，甲士三千人，征討強敵獲得全勝，以報天下百姓之仇，討伐了逆亂的君主，滅絕了混亂的根源，天下和平，家家富裕，人人飽暖，平民百姓也能懷仁仗義，商販之人也懂得信用廉恥，德同天地，感動鬼神，以致黃河出現寶圖，洛水獻出奇書，憑藉這樣的道，把它傳播於天地之間，難道不是古人所說的得道的人嗎？

夫播布革❶，亂毛髮，登高山，食木實❷，視之無優游❸之容，聽之無仁義之辭，忽忽❹若狂癡，推之不往，引❺之不來，當世不蒙其功，後代不見其才，君傾而不扶，國危而不持❻，寂寞而無鄰，寥廓❼而獨寐，可謂避世❽，非謂懷道❾者也。故殺身以避難，則非計❿也，懷道而避世，則不忠也。

【章旨】此章言士人不當隱居，而應積極用世。

【注釋】❶播布革　謂拋棄布衣皮裘。播，棄。❷木實　草木果實。❸優游　悠閒自得。❹忽忽　精神恍惚。❺引　招引。❻持　支持。❼寥廓　曠遠；廣闊。❽避世　逃避世務而隱居。❾懷道　懷抱道義。❿計　計謀；策略。

【語譯】捨棄布衣皮裘，散亂著毛髮，隱藏到深山老林裡，吃草木果實的隱士，看他們的面容沒有悠閒自得的神態，聽他們的言辭又沒有仁義的胸懷，精神恍惚就像是一個顛狂的癡獃。從後面推他，他不知朝前走，從前面逗引他，他不會跟著來。當世人得不到他的益處，後代人看不到他的才能，君主傾倒了不知道扶助，國家有了危難也不想去支持，一個人寂寂寞寞連鄰居也沒有，在空闊曠遠的野地一個人獨眠，這種人可以說是逃避世務，而不能說是懷抱道義。所以說，傷害自己的身體來逃避災難不是什麼好主意，懷抱道義而逃避世務就是不忠了。

是以君子居亂世，則合道德，採微善，絕纖惡，脩父子之禮，以及君臣之序，乃天地之通道，聖人之所不失也。故隱之則為道，布之則為文，詩在心為志，出口為辭❶，矯以雅僻❷，砥礪鈍才❸，雕琢文彩❹，抑定狐疑❺，通塞理順，分別然否，而情得以利，而性得以治。緜緜漠漠❻，以道制之，察之無兆❼，遁之恢恢❽，不見其行，不覩❾其仁，湛然❿未悟，久之乃殊。論思⑪天地，動應樞機⑫，俯仰進退，與道為依⑬，藏之於身，優游待時。故道無廢而不興，器無毀而不治。孔子曰：「有至德要道以順天下⑭。」言德行而其下順之矣⑮。

【章　旨】此章言君子處亂世也要存建功立業之心。

【注　釋】❶出口成辭　俞樾《新語平議》曰：「謹按：『文』衍字。『隱之則為道，布之則為詩』，兩句相對。『在心為志，出口為辭』，則承詩而言。」唐晏《陸子新語校注》曰：「按：《毛詩．序》：『在心為志，發言為詩。』此必古說有然者。又按此與上文不接，疑其間必有誤。」❷以雅僻　唐晏《陸子新語校注》曰：「按原誤，當作『正邪僻』。」邪僻，乖戾不正。❸鈍才　愚蠢笨拙之人。❹彩　宋翔鳳《新語》校本曰：「本作『邪』，依《子彙》改『彩』。」❺抑定狐疑　意謂堅定信念。狐疑，俗傳狐性多疑，因以指多疑無決斷。唐晏《陸子新語校注》曰：「『定』疑當作『止』。」❻緜緜漠漠　謂微弱而無聲。緜緜，微弱。漠漠，無聲。❼兆　謂事情發生前的徵候或跡象。❽恢恢　寬闊廣大貌。❾靚　唐晏《陸子新語校注》曰：「疑當作『施』。」❿湛然　深厚貌。⓫論思　言論思考。⓬樞機　比喻事物的關鍵部分。樞為戶樞，機為門閫；樞主開，機主閉，故以樞機並言。⓭為依　本缺此二字，據宋翔鳳校本補。宋翔鳳《新語》校本曰：「『道』字下本缺二字，別本作『為依』，《子彙》本作『為俱』，『為依』與韻協。」⓮有至德要道以順天下　此為《孝經．開宗明義》文。言先代聖帝明王皆行至美之德，要約之道，以順天下人心而教化之。⓯德行而其下順之矣　唐晏《陸子新語校注》曰：「此篇譌脫最甚，上下文往往不貫，無從取正，後之讀者詳之矣。」

【語　譯】因此君子處於亂世之中，言行也要合乎道德的要求，看到別人做一件小小的好事即加以表揚，看到別人做一件細微的壞事即盡力制止。遵循父子之禮，以及君臣上下之序，這是天地之間通行的道理，聖人是不會違背的。所以隱藏在心的就稱為道，陳述出來就成為文，這就像詩一樣，在心裡的是志，口頭表達出來就是辭。矯正乖戾不正，磨練愚蠢笨拙，雕琢出文彩，排除各種疑慮，疏通各種障礙，理順各種關係，分清是非，這樣，民情就可以不阻隔，人性可以得到整治。對那看不清、聽不到的事物，也要用道來掌握它。有些事看起來沒有任何徵兆，消聲匿跡，無影無蹤，看不見它的表現，也看不到它蘊含的仁德，在你未領悟之前就像湛深的水一般，久而久之就會分出不同的跡象了。凡言論思考都循天地之道，行動就自然與關鍵相應，俯仰進退，都與道相合，把道藏在心裡，從容地等待著發揮的時機。所以，道沒有被拋棄而不興起的，器具沒有被毀壞而不置辦的。孔子說：「有至德要道，以順天下。」這是說，道德暢行的時候，天下的人就歸順他了。

卷下

資質第七

【題解】此篇言賢才之不見知，而歸責於觀聽之臣不明，謂公卿子弟、貴戚黨友無過人之才，在尊重之位，此乃傾覆之象，故本篇義主求賢以自輔。

質美者以通❶為貴，才良者以顯為能。何以言之？夫楩柟❷豫章❸，天下之名木❹，生於深山之中，產於溪谷之傍，立則為太山❺眾木之宗❻，仆則為萬世之用。浮於山水之流，出於冥冥之野，因江、河之道，而達於京師之下，因於斧斤❼之功，舒其文彩之好。精捍❽直理，密緻博通，虫蝎不能穿，水濕不能傷；在高柔軟，入地堅彊；無膏澤而光潤生，不刻畫❾

而文章成；上為帝王之御物，下則賜公卿[10]，庶賤不得以備器械。閉絕以關梁[11]，及隘於山阪[12]之阻，隔於九岏[13]之隄，仆於嵬崔[14]之山，頓於窅冥[15]之溪；樹蒙籠[16]蔓延而無間，石崔嵬嶄岩[17]而不開，廣者無舟車之通，狹者無步檐[18]之蹊，商賈所不至，工匠所不窺，知者所不見，見者所不知，功棄而德亡，腐朽而枯傷，轉於百仞之壑，惕然而獨僵[19]，當斯之時，不如道傍之枯楊。纍纍[20]詰屈[21]，委曲不同，然生於大都[22]之廣地，近於大匠[23]之名工，則材器制斷，規矩度量，堅者補朽，短者續長，大者治罇，小者治觴[24]，飾以丹漆，斁[25]以明光，上備太牢[26]，春秋禮庠，褒以文彩，立禮矜莊[27]，冠帶正容，對酒行觴[28]，卿士[29]列位，布陳宮堂，望之者目眩，近之者鼻芳。故事閉[30]之則絕，次[31]之則通，抑之則沉，興之則揚；處地[32]楩梓，賤於枯楊[33]，德美非不相絕[34]也，才力非不相懸[35]也，彼則枯槁而遠棄，此則為宗廟之器[36]者，通與不通，亦如是也[37]。

【章　旨】此章言木材之用，並從中得出「通與不通」的結論。

【注　釋】❶通　見用於世。❷梗柟　二木名。梗，似豫章。柟，同「楠」。❸豫章　木名，樟類。❹名木　珍貴的樹木。託諭用木說出士之通塞，材木以大而成大用，如賢才之通顯，立喻親切有味。❺太山　即泰山。❻宗　尊崇。❼斧斤　斧頭。❽精捍　謂精密堅硬。捍，堅貌。今通用作「悍」。本文以此喻木質堅硬。❾刻畫　本作「剋畫」，依宋翔鳳《新語》校本改。❿公卿　泛指諸侯大夫。公，爵位名。卿，官名。⓫關梁　指水陸要會之處。關，關門。梁，津梁。⓬山阪　山的斜坡。⓭九⿰山亢　疑為「九坑」之誤。指眾多的坑壑。⓮嵬崔　高聳貌。⓯窅冥　同「窈冥」。深遠幽隱貌。⓰蒙籠　指茂密的草木。又茂密四布貌。⓱嶄岩　同「巉巖」。險峻貌。⓲步檐　挑著擔子步行。檐，《集韻》以為「擔」之或體字。⓳惕然而獨僵　此喻賢者不遇，老於溝壑，不如卑賤見收，令人三復興嘆。⓴⿱宀果⿱宀果　眾多之貌。此形容枯楊根株之盤根錯節。㉑詰屈　同「佶屈」。屈曲之意。㉒大都　即大城市。㉓大匠　此指木匠之長，即工藝出色的匠人。㉔罇觴　兩種盛酒器。罇大而觴小。㉕斲　塗抹。㉖太牢　盛牲的食器叫牢，大的叫太牢。大牢盛三牲，因之也把宴會或祭祀時並用牛、羊、豕三牲，叫太牢。㉗矜莊　端莊持重。㉘行觴　行酒，依次敬酒。㉙卿士　春秋時官稱。此泛指卿、大夫、士。㉚閉　原作「閇」，即「閑」的俗字，今從唐本、《彙函》本等改。㉛次　次序。㉜處地　謂出產的地方。㉝賤於枯楊　譏刺卑賤小人被錄用。㉞相絕　有極大差距。㉟相懸　差異很大。與上文「相絕」互文見義。㊱宗廟之器　指前文所言罇、觴等祭祀用的器具。㊲亦如是也　《群書治要》、宋翔鳳《新語》校本作「人亦猶此」。唐晏《陸子新語校注》曰：「以上以木之材，喻人之材；以下專言人才之用與否。」

【語　譯】木質美善的以見用於世為貴，才性優良的以著名於世為能。為什麼這樣說呢？梗、楠、豫章，是天下的名木，生長在深山之中，出產於溪谷之旁。把它植立於泰山之上，就是眾木尊崇的對象，一旦倒下，就成為人世永久使用的良材。它順著山谷溪水而飄浮，流出那幽深僻遠的山野，再沿著長江、黃河的水道，到達帝王所居的京城之下，經斧頭的砍斲加工，因此能夠展現它優美的文采。那堅硬的木質和正直的文理，細密精緻，貫通全體，蟲蠍啃咬而不能穿洞，用水浸泡對它也毫無傷害；把它放在高處，看起來是柔軟的，把它埋入地下，則堅強而永不腐爛；不用塗飾油膏而自然能放出光澤，不用工匠雕刻圖畫而本身就有文彩；上為帝王宮廷專用的御物，下則賞賜給諸侯大夫，普通的老百姓是不可能用來製作工具器械。通行的關門橋梁一旦關閉斷絕，或者有險要的大山陡坡的阻隘，或者被眾多的坑壑所隔絕，名木就只有倒在高聳的深山裡，或閒置在深遠幽隱的小溪旁；那裡樹木茂密蔓延而沒有間隙，怪石高聳險峻而不可通行，寬廣之處也無法通行車船，狹窄的地方連步行的小路也找不到，做生意的商販不到那地方去，木工匠人也不會去窺探，懂得名木價值的人又看不到，而看得到的又不懂名木的價值，這樣，名木的功用盡棄，所具的德性也就全部喪失了，只有在深山老林裡慢慢腐朽而枯爛，或者在百仞之深的溝壑裡打轉，憂慮恐懼地孤獨僵臥，在這樣的時候，名木還不如道旁枯槁的楊樹。枯楊盤根錯節，軀幹屈曲不直，但是它生長在大城市廣闊的地方，處在能工巧匠的眼下，經這些名工加工製作，規矩度量，把堅硬的去修補腐朽的地方，把短的加長，把大的做成盛酒的罇，把小的做成喝酒用的觴，再用紅色的油漆和明亮發光的珠玉之屬加以塗飾。帝王準備牛、羊、豕三牲，春秋兩季在太學行禮，穿著有文彩的褒衣（大裾衣），按照禮儀端莊持重地站立著，冠帶整齊，儀容端正，端著酒杯一一斟酒；文武百官也依次排列，布滿了宮堂。望著漂亮的酒杯，令人眼花撩亂，如果稍微靠近，鼻子就能聞到陣陣芳香。因此，事物被封閉就與世隔絕，依照優劣次序而進用就能通達，壓抑它就沉淪而無所達，提拔它就昂揚而奮進；那處於偏遠山地的梗木、梓木，竟比道旁的枯楊還要低賤，並不是內德和外美沒有區別，也不是才能和力量不是差距很遠，然而，那名木老死山林而遠遠地被拋棄了，這枯楊則成為宗廟裏最名貴的祭器，人的顯達和窮困，也是這樣。

夫窮澤之民，據犁❶嗝報❷之士，或懷不羈之才❸，身有堯、舜、皋陶❹之美，綱紀存乎身，萬世之術❺藏於心，然身不用於世者，□□之通故也❻。夫公卿之子弟，貴戚之黨友❼，雖無過人之才，然在尊重之位者，輔助者強，飾之者❽巧，靡不達也。

【章　旨】此章言人才之用與否，決定於薦才之道。

【注　釋】❶據犁　指扶犁，指從事耕作。❷嗝報　唐晏《陸子新語校注》曰：「按：『嗝』疑是『醵』之叚借字。《說文》：『褎裏也，以繒附于革上。』『報』當作『服』。」似難理解。《群書治要》作「接耜」，宋翔鳳《新語》校本從之，或可依。接耜，指從事耕作。耜，農具。❸不羈之才　謂才行高遠，不可羈繫。❹皋陶　也稱咎繇。傳說舜之臣，掌刑獄之事。偃姓。春秋英、六諸國，傳稱皆為皋陶後人。❺萬世之術　謂長遠的謀略。❻□□之通故也　《彙函》、《別解》作「才之不通故也」。《金丹》作「不通故也」。《折中》作「莫為之通也」。宋翔鳳《新語》校本作「無紹介通之者也」。並注云：「本作『然身不用於世者□□之通故也』，依《治要》改；別本作『不用於世者，無使之通故也』。」❼黨友　同道結合的友人。❽飾之者　此指善於吹噓，以巧言掩飾過失的人。

【語　譯】那些處在窮鄉僻壤的人，那些手扶犁耙從事耕作的人，有的懷有不可羈繫的高遠才行，具有堯、舜、皋陶那樣的美德，身存治理國家的法紀，心藏能使國家長治久安的謀略，但是這些有能的賢人卻沒有被朝廷任用，這是因為他的才能沒有被朝廷所發現的緣故。而那些諸侯大臣的子弟，那些皇親貴戚的朋友，雖然沒有什麼超過普通人的才能，卻可以高踞在重要的官位上，這是因為他們有著強硬的後臺，又巧於喬裝打扮，因此，沒有不飛黃騰達的。

昔扁鵲居宋❶，得罪於宋君，出亡之衛❷，衛人有病將死者，扁鵲至其家，欲為治之。病者之父謂扁鵲曰：「吾子病甚篤，將為迎良醫治❸，非子所能治也。」退而不用，乃使靈巫❹求福請命❺，對扁鵲而咒❻，病者卒死，靈巫不能治也❼。夫扁鵲天下之良醫，而不能與靈巫爭用者，知與不知也。故事求遠而失近❽，廣藏而狹棄❾，斯之謂也。

【章　旨】本章以扁鵲為例，說明才之得用與否，在於知與不知也。

【注　釋】❶扁鵲居宋　扁鵲居宋亡之衛與靈巫爭用等事，《史記．扁鵲傳》均不載，亦未見他書，未詳何據。❷出亡之衛　謂逃出宋國，跑到衛國。亡，逃跑；逃亡。之，去；往。❸治　唐晏《陸子新語校注》曰：「疑衍，否則下有『之』字。」❹靈巫　即神巫，指能以舞降神消災的人。❺請命　代他人祈求保全生命。❻咒　此指巫迷信驅鬼治病的口訣。❼不能治也　唐晏《陸子新語校注》曰：「案此事別無所考見。」❽求遠而失近　謀求遠處的，卻失去身邊的。❾廣藏而狹棄　把一般的藏物之處弄得很大，而把密藏之處弄得很狹。喻處置失當。藏，指一般的藏物之處。狹棄不詞，「棄」當為「弆」，形近而訛。《一切經音義．十三》引《通俗文》：「密藏曰弆，或作去。」

【語　譯】古時候的扁鵲曾經在宋國居住，因為得罪了宋國君主而逃出宋國，跑到了衛國，這時衛國有個人生病，病得快要死了，扁鵲來到病者的家裡，打算為他醫治。病者的父親對扁鵲說：「我的兒子病勢非常沉重，我準備為他請好的醫師來醫治，不是你能夠治療的。」辭退了扁鵲而不用，於是要神巫來降神消災，代病者祈求保全生命，神巫當著扁鵲的面念起驅鬼治病的咒語，病者結果還是死了，神巫當然是不能把他治好的。扁鵲本是天下著名的良醫，反而不能同神巫相爭而為人們所用，這是因為人們只知道神巫而不知道扁鵲的高明醫術的緣故。所以做事謀求遠處的而捨棄近處的，讓普通的東西有廣闊的空間，而把貴重的東西限制在狹小的角落，說的就是這個意思。

昔宮之奇❶為虞公畫計❷，欲辭晉獻公璧馬之賂，而不假之夏陽之道❸，豈非金石之計❹哉！然虞公不聽者，惑於珍怪之寶也。

【章　旨】此章以宮之奇為例。說明人君貪珍寶則不能用賢人。

【注　釋】❶宮之奇　春秋時虞國大夫。一作宮奇、宮子奇。少時受虞君撫育，相處甚親昵。虞君貪賂，他幾次諫阻無效，遂率族人出奔西山（虞國西界）。❷畫計　出謀劃策；謀劃。❸不假之夏陽之道　《左傳・僖公二年》：「晉荀息請以屈產之乘，與垂棘之璧，假道於虞以伐虢。……虞公許之，且請先伐虢，宮之奇諫，不聽，遂起師。夏，晉里克、荀息帥師會虞師伐虢，滅下陽。」下陽，《公羊傳》、《穀梁傳》俱作「夏陽」。❹金石之計　謂能使國家堅固的計策。金石喻堅固。

【語　譯】以前宮之奇為虞公出謀劃策，想要辭退晉獻公用來收買虞公的璧和馬，不借道給晉獻公去攻打虢國的夏陽，這本來是使虞國堅不可破的良策。但是虞公沒有採納，這是被晉國的珍奇稀有的寶物所迷惑的緣故。

鮑丘❶之德行，非不高於李斯、趙高也，然伏隱於嵩廬❷之下，而不錄❸於世，利口❹之臣害之也。

【章　旨】本章言鮑丘被利口之所害，懷才而不遇。

【注　釋】❶鮑丘　據戴彥升《陸子新語校注・序》考證，鮑丘即包丘子，即浮丘伯。秦漢間儒家學者。齊人，荀子學生。秦始皇時開始傳授《詩》學。楚元王、魯穆生、白生、申公都向他學《詩》。《鹽鐵論・毀學》：「昔李斯與包丘子俱事荀卿，既而李斯入秦，遂取三公，據萬乘之權，以制海內，功侔伊、望，名巨太山；而包丘子不免於甕牖蒿廬，如潦歲之鼃，口非不眾也，卒死於溝壑而已。」❷嵩廬　嵩，當為「蒿」。蒿廬，即草廬。❸錄　錄用。❹利口　能言善辯。

【語　譯】鮑丘的才德行為，不是不高於李斯、趙高，但他卻終生藏匿在草廬之下，沒有被朝廷錄用，這是因為被那些能言巧辯的大臣所害的緣故。

凡人莫不知善之為善，惡之為惡；莫不知學問之有益於己，怠戲❶之無益於事也；然而為之者，情欲放溢，而人不能勝其志也。人君莫不知求賢以自助，近賢以自輔；然賢聖或隱於田里，而不預❷國家之事者，乃觀聽之臣❸不明於下，則閉塞之譏歸於君；閉塞之譏歸於君，則忠賢之士棄於野；忠賢之士棄於野，則佞臣之黨存於朝；佞臣之黨存於朝，則下不忠於君；下不忠於君，則上不明於下；上不明於下，是故天下所以傾覆也❹。

【章　旨】本章言聽觀之臣不明於下是天下傾覆的原因。

【注　釋】❶怠戲　怠惰嬉戲。❷預　通「與」。參與；干涉。❸觀聽之臣　猶言耳目之臣。❹天下所以傾覆也　此篇言人才之通塞有數，惟人主不明，故賢者棄逐，不才者通顯，其借喻俱照出正意，所謂「喻而非喻，真而非真」者。至敘事空闊，總說關鎖尤高。君子抱道自處，故以道為屈伸，非湯、武為之君，終不遇也。小人以容悅逢君，雖庸君世主無不合，所以常遇。篇中以大木枯楊立喻至切，何也？獲大木難，枯楊便也。具敘事嫻美，關鎖尤高。

【語　譯】凡是人沒有不知道善就是善，惡就是惡的；也沒有不懂得勤學好問是對自己有好處，而怠惰嬉戲是對事業有害的。但是卻做出無益和為惡的事，這是因為情欲泛濫，人的理智不能戰勝他的志趣。國家的君主都懂得任用賢者來幫助自己，親近賢者以求輔佐自己；但是，賢者聖者或隱居在山野鄉村，而沒有參與國家的治理，這是因為負責推薦選拔的大臣不了解下面的情況。而選賢任能之道被閉塞的責任，人們往往歸罪於國君；把閉塞選賢任能之路歸罪於國君，忠良賢聖之士就被遺棄在山野田舍；忠良賢聖之士被遺棄在山野田舍，奸佞邪臣之黨就占據朝廷；奸佞邪臣之黨占據朝廷，臣下就不忠於國君；臣下不忠於國君，國君就不能了解臣下；國君不了解臣下，所以，國家就這樣滅亡了。

至德第八

【題　解】本篇以晉厲、齊莊、楚靈、宋襄等大國為論據，闡述了「懷德者眾歸之，恃刑者民畏之」的道理，告誡統治者修德圖治，而至德在得民，善治者不尚刑。

夫欲富國彊威❶，辟地服遠者，必得之於民❷；欲立功興譽，垂名流光顯榮華者，必取之於身。故據萬乘之國，持百姓之命，苞❸山澤之饒，主❹士眾之力，而功不存乎❺身，名不顯於世者，乃統理之非也。

【章　旨】本章言得民修德之必要

【注　釋】❶富國彊威　本作「建國彊威」，據《群書治要》改。❷必得之於民　此言立功成名在得民，在修身，不在威武。蓋得民則國強，治身則功立，故下以君子為治之道立言，又以四君之失證之，開闔有法。❸苞　包括。❹主　主持；掌管。❺存乎　宋翔鳳《新語》校本曰：「本作『在於』，依《治要》改。」

【語　譯】想要使國家富裕威力強大、開拓疆土征服遠地的人，必須從廣大的民眾那裏得到支持；想要建立功業聲譽大興，並讓名聲福澤流傳後世、榮華顯耀的人，必須從自身修德做起。因此，據有萬乘大國、操縱萬眾性命，囊括山川萬物、掌管士眾勞力的國君，如果自身不能建立功業，聲名不能顯於世，就是統治的不當了。

天地之性，萬物之類，儴道❶者眾歸之，恃刑者民畏之；歸之則附其側，畏之則去其域❷。故設刑者不厭輕❸，為德者不厭重，行罰者不患薄❹，布賞者不患厚，所以親近而致疏遠也。

【章旨】本章言懷德而不尚刑乃合天地萬物之本性。

【注釋】❶懷道　因襲道義。即遵循道義原則。❷去其域　即離開他的國境。❸設刑者不厭輕　意謂設置刑罰應該越輕越好。厭，憎惡；嫌棄。❹不患薄　意謂不憂慮輕薄，越輕微越好。患，耽心；憂慮。

【語譯】天地的自然之性和萬物的各種品類都是這樣：遵循道的人，萬眾就歸向他；而仗恃刑罰的人，民眾就害怕他。民眾歸向他，就依附在他的周圍；民眾害怕他，就離開他的國家。因此，君主設置刑法就不要怕輕，施行德政就不要怕過分；行使刑罰不要耽心太輕，實行獎賞就不必耽心過重。這樣，近處的人就會前來相親，遠處的人也會前來歸順。

夫形❶重者則身勞，事眾者則心煩；心煩者則刑罰縱橫❷而無所立，身勞者則百端迴邪❸而無所就。是以君子之為治也，塊然❹若無事，寂然若無聲，官府若無吏，亭落❺若無民，閭里不訟於巷❻，老幼不愁於庭，近者無所議，遠者無所聽，郵驛❼無夜行之吏，鄉閭無夜名之征，犬不夜吠，烏不夜鳴，老者息於堂，丁壯❽者耕耘於田，在朝者忠於君，在家者孝於親；於是賞善罰惡而潤色之，興辟雍庠序❾而教誨之，然後賢愚異議，廉鄙異科❿，長幼異節⓫，上下有差，強弱相扶，小大相懷，尊卑相承，雁行⓬相隨，不言而信，不怒而威，豈恃堅甲利兵⓭、深刑刻法、朝夕切切⓮而後行哉？

【章　旨】本章描述以德而治的景象。

【注　釋】❶形　宋翔鳳《新語》校本曰：「《治要》作『刑』。」案：《子彙》本、《金丹》亦作「刑」。此句中的「身勞」應與下句中的「心煩」對調。❷縱橫　猶恣肆橫行，無所忌憚。❸迴邪　乖違邪僻。❹塊然　安然。❺亭落　指鄉村。周廣業《意林》附注曰：「《漢書》：『秦制，十里一亭。』《廣雅》：『落，居也。』李賢曰：『今人謂院為落。』」❻閭里不訟於巷　謂鄉里民間不在里巷中爭吵或議論是非。閭里，泛指民間。❼郵驛　古時設驛站(館)傳送文書，步遞曰郵，馬遞曰驛。❽丁壯　少壯男子。❾辟雍庠序　周王朝為貴族子弟所設的大學。大學有五：南為成均，北為上庠，東為東序，西為瞽宗，中為辟雍。辟雍又作「辟廱」、「辟雝」、「璧廱」。❿科　品類；等級。⓫節　禮節。⓬雁行　謂相次而行，如群雁飛行之有行列。⓭堅甲利兵　借指堅強善戰的軍隊。⓮切切　責勉。

【語　譯】刑罰過重的話施刑者自己就會感到煩躁，事務繁雜就令人勞累；心裡煩躁的人就會濫施刑罰而無所建樹，身體勞累的人就百端乖違邪僻而無所成就。所以君子治理國家，安然好像無事可做，寂然好像沒有聲音，官府裡好像沒有官吏，鄉村裡好像沒有百姓，民間老百姓不在里巷中爭辯是非，老人和孩子在家裏沒有憂愁地生活著，遠近都聽不到什麼議論，驛道上沒有夜裏趕路的吏員，鄉村里巷沒有緊急的傜役需要連夜指名徵召，狗在夜裏因聽不到任何聲響而不叫，烏鴉在夜裏因感覺不到任何驚嚇而不鳴，老年人在家裏休養，少壯男子在田野裏耕耘，在朝廷的人忠於國君，在家裏的人孝敬父母；於是獎善罰惡使社會更加完美，興辦學校，教育人們，這樣一來，好人和壞人就會得到不同的評價，清白高潔和鄙陋淺俗可以分出不同的等級，年長者和年少者可以享受不同的禮節，君上和臣下可以分出差別次序，強者和弱者可以相互扶持，小的和大的能夠彼此愛護，尊貴者和卑賤者能夠相互協調，像飛雁那樣依次而行相互追隨，雖不言語而誠信，雖不發怒而顯示威嚴，哪裡要依仗堅強善戰的軍隊、周密嚴酷的刑罰、從早到晚教訓人，然後才能推行政令呢？

昔晉厲❶、齊莊❷、楚靈❸、宋襄❹秉大國之權，杖❺眾民之威，軍師橫出，陵轢❻諸侯，外驕敵國，內克❼百姓。鄰國之讐結於外，臣下之怨積於內。而欲建金石之功❽，繼❾不絕之世，豈不難哉？故宋襄死於泓水之戰❿，三君弒於臣子之手⓫，皆輕用師而尚威力，以致⓬於斯。故《春秋》重而書之，嗟嘆而傷之。是三君皆強其盛而失國，急其刑而自賊⓭，斯乃去事之戒，來事之師也⓮。

【章旨】本章言四國君之失，以證君子之治在得民治身。

【注　釋】❶晉厲　晉景公十九年(西元前五八一),景公病,立其太子壽曼為君,是為厲公。厲公六年,敗楚於鄢陵,由此威諸侯,欲以令天下求霸。八年,欒書、中行偃以其黨襲捕厲公,囚之,翌年殺之。❷齊莊　齊靈公之子,名光,靈公二十八年(西元前五五四年)繼位。六年,崔杼弒莊公。❸楚靈　名圍。郟敖四年(西元前五四一)弒郟敖以自立,是為靈王。靈王十一年出兵圍徐以威脅吳國,民眾怨恨。次年,其弟公子棄疾、公子比、公子黑肱等帶兵入楚都,靈王從乾谿趕回,眾散自殺。❹宋襄　名茲甫,宋桓公三十一年(西元前六五一)繼位,襄公十三年與楚戰於泓,受重傷,次年卒。❺杖　《彙函》本作「仗」。憑倚。❻陵轢　欺壓。❼克　當作「剋」。❽金石之功　可銘記於金石的功績。❾繼　宋翔鳳《新語》校本曰:「本作『終傳』,依《治要》改。」❿泓水之戰　《左傳・僖公二十二年》:「冬十一月己巳朔,宋公及楚人戰於泓。……宋師敗績。公傷股。」又二十三年:「夏五月,宋襄公卒,傷於泓故也。」⓫三君弒於臣子之手　唐晏《陸子新語校注》曰:「《穀梁傳》成公十八年:『晉弒其君州蒲。稱國以弒君,惡甚也。』又襄公二十五年:『齊弒其君光。』《傳》:『莊公失言,淫于崔氏。』又昭公十有三年:『楚公子比自晉歸于楚,弒其君虔于乾溪。』《傳》:『弒君者日,不日,比不弒也。』」⓬致　宋翔鳳《新語》校本曰:「本作『至』,依《治要》。」⓭賊　殺害。⓮去事之戒來事之師也　去事,謂往事。來事,謂後事,未來之事。

【語　譯】春秋時晉厲公、齊莊公、楚靈王、宋襄公,掌管著大國的政權,依仗人多的威勢,濫用武力,欺壓諸侯。對外,在敵國面前驕傲自大;對內,待老百姓又刻薄狠毒。與周圍的鄰國結下了冤仇,又使國內的臣民累積了怨恨。這樣想要建立可以銘刻於金石的功績,想讓政權永傳後代,豈不是很難嗎?因此,宋襄公因泓水之戰而喪生,晉、齊、楚三國國君被自己的臣子所殺,他們都是因為輕易動用軍隊而且崇尚武力,才落到這樣的下場。所以《春秋》重視這些事而把它們記載下來,並為他們而歎息悲傷。這三個國君都是在國力很盛的時候逞強而喪失了國家,因急切施用刑罰而自招殺身之禍,這些前事提出的警戒,可以用作後事的老師。

魯莊公❶一年之中，以三時興築作❷之役，規虞❸山林草澤之利，與民爭田漁薪菜之饒❹，刻桷丹楹❺，眩曜靡麗，收民十二之稅❻，不足以供邪曲❼之欲，饍不用之好❽，以快❾婦人之目，財盡於驕淫，人力罷於不急❿，上困於用，下飢於食，乃遣臧孫辰⓫請滯積⓬於齊。倉廩空匱，外人知之，於是為宋、陳、衛、齊所伐⓭，賢臣出，叛臣亂，子般殺，而魯國危⓮。公子牙、慶父之屬，敗上下之序，亂男女之別，繼位者無所定，逆亂者無所懼，於是齊桓公遣大夫高子立僖公而誅夫人，逐慶父而還季子，然後社稷復存，子孫反業⓯，豈不謂微弱者哉？故為威不強還自亡，立法不明還自傷，魯莊公之謂也。故《春秋》穀⓰（以下缺）

【章　旨】本章言魯莊公不修德，故國危臣亂。

【注　釋】❶魯莊公　名同，桓公之子，在位三十二年。❷三時興築作　謂春夏秋三季大興土木。《穀梁傳・莊公三十一年》：「春，築臺于郎。夏，築臺于薛。秋，築臺于秦。不正，罷民三時，虞山林藪澤之利；且財盡則怨，力盡則懟，君子危也。」三時，春夏秋，農之要節。❸虞　本作「固」，依《群書治要》改。虞，掌山澤之官。❹田漁薪菜之饒　指百姓從事農林漁牧的財富。❺刻桷丹楹　雕椽畫柱。桷，方形的椽子。楹，廳堂的前柱。❻收民十二之稅本無「民」字，依《群書治要》增。十二之稅，謂按百分之二十的稅率征稅，是為重稅。❼邪曲　宋翔鳳《新語》校本曰：「本作『回邪』，依《治要》改。」❽繕不用之好　宋翔鳳《新語》校本依《治要》改為「繕不足好」。孫詒讓《扎迻》曰：「案此當作『繕不用之好』，謂修繕無用之翫好也。前《無為》篇云：『繕雕琢刻畫之好。』文例與此正同。《治要》所引，亦有挩誤。」❾快　原闕，依《治要》補。❿人力罷於不急　宋翔鳳《新語》校本依《治要》校作「力疲於不急」。⓫臧孫辰　春秋時魯國正卿，即臧文仲。歷事莊、閔、僖、文四朝，老成持重，維護宗法禮治，對外主張互助。曾攜幣器告糴於齊，以賑魯饑。思想守舊，相信占卜靈異，為時人所譏。⓬滯積　即「貯積」。指貯藏的糧食。二字原缺，據《國語》補。⓭為宋陳衛齊所伐　唐晏《陸子新語校注》曰：「事不見春秋，疑是《穀梁》舊說。」⓮魯國危　原作「魯□□」，依《治要》補。⓯公子牙九句　《史記・魯世家》：「初，莊公築臺臨黨氏，見孟女，說而愛之，許立為夫人，割臂以盟。孟女生子斑。斑長，說梁氏女，往觀。圉人犖自牆外與梁氏戲，斑怒鞭犖。……會莊公有疾。莊公有三弟，長曰慶父，次曰叔牙，次曰季友。莊公取齊女為夫人，曰哀姜。哀姜無子，哀姜娣曰叔姜，生子開。莊公無適嗣，愛孟女欲立其子斑。哀姜恐，奔邾。季友以賂如莒，求慶父，慶父歸，使人殺慶父，慶父請奔，弗聽，乃使大夫奚斯行哭而往，慶父聞奚斯音，乃自殺。齊桓公聞哀姜與慶父亂以危魯，乃召之邾而殺之，以其屍歸，戮之魯。魯釐公請而葬之。」⓰故春秋穀　戴彥升《意林》附注曰：「〈至德〉篇末『故《春秋》穀』，似引《傳》說魯莊公事而缺其文。」唐晏《陸子新語校注》曰：「闕文下，當是引《穀梁》說也。」

【語　譯】魯莊公一年之中，在春、夏、秋三季征用民工大興土木建築，貪圖山林草澤之利，與老百姓爭奪農林牧漁的財富，來擴建宮室樓臺，並雕椽畫柱，光彩奪目，過分奢華，這樣，就是征收百分之二十的重稅，也不能滿足他那不正當的奢侈需求，修繕無用的翫好，以求得到婦人的歡心，因驕淫放縱而用盡了錢財，耗盡了人力，於是，國家正常的費用發生了困難，老百姓沒有糧食充飢，只好派遣臧孫辰到齊國去請求援助。國家糧倉空虛，就被外人知道了，宋國、陳國、衛國、齊國就乘機前來攻打，賢臣外出，叛臣作亂，子般被殺，魯國就很危險了。公子牙、慶父之輩，敗壞了君臣上下之間的次序，搞亂了男女之間的正常關係，繼承君位的人定不下來，叛逆作亂的人就無所畏懼，於是齊桓公派遣大夫高子去魯國，立申為僖公，而且誅殺了莊公夫人哀姜，驅逐了慶父，送回了季友，這樣才使魯國社稷復存，莊公的子孫才重整祖先的基業，這不是說明魯國當時已經很微弱了嗎？所以，擅作威福並不是強大，反而自取滅亡，立法不明反而傷害了自己，說的就是魯莊公啊。故《春秋》穀（以下缺）

懷慮第九

【題解】此篇言忠誠專一者立功成名，心術不一者不可以成事。勸諫統治者當克制私欲，專心一意，執一政以繩百姓，持一槩以等萬民，方能達到同一治而明一統的目的。

懷異慮❶者不可以立計，持兩端❷者不可以定威。故治外者必調內，平遠者必正近。綱維❸天下，勞神八極者，則憂不存於家；養氣❹治性，思通精神，延壽命者，則志不役❺於外；據土❻子民，治國治眾者，不可以圖利；治產業，則教化不行，而政令不從。蘇秦、張儀❼，身尊於位，名顯於世，相六國，事六君，威振山東❽，橫說諸侯，國異辭，人異意，欲合弱而制彊❾，持橫而御縱❿，內無堅計，身無定名⓫，功業不平⓬，中道而廢⓭，身死於凡人之手，為天下所笑者，乃由辭語不一，而情欲放佚故也。

【章　旨】本章以蘇秦、張儀為證。說明不專一者就不可能立功成名。

【注　釋】❶懷異慮　謂心術不一。懷異，本缺此二字，依《子彙》本、傅增湘校本、唐晏本、《品節》本、《金丹》補。❷兩端　謂態度左右不定，腳踏兩隻船。❸維　原缺。宋翔鳳《新語》校本曰：「本缺一字，依別本補。《子彙》本作『紀』。」❹養氣　涵養氣質、意志。❺役　原缺，依《子彙》、唐晏本、《金丹》補。❻據土　謂有土地。❼張儀　戰國時縱橫家。魏國人，游說入秦，首創連橫之謀。惠王以為相，封武信君。曾去秦相魏，引韓、魏事秦，共制齊、楚，遭公孫衍合縱勢力排斥，復返秦國。秦昭襄王時，齊、楚親，他奉命使楚，陰縱反間，破壞齊、楚同盟。❽山東　戰國秦漢時稱崤山或華山以東為山東。即關東。也指戰國時秦以外六國。❾合弱而制彊　謂聯合弱的攻打強大的。戰國時，六國漸弱，獨秦國強大，蘇秦游說六國諸侯，要他們聯合起來西向抗秦。❿持橫而御縱　戰國時張儀游說六國共同事奉秦國，稱連衡或連橫，與蘇秦說六國合而抗秦相對。⓫無定名　謂或縱或橫，朝秦暮楚，無一定不變的名義、宗旨，即前所謂「國異辭，人異意」。⓬平　宋翔鳳《新語》校本曰：「按疑作『卒』。」平，成也。亦通。⓭中道而廢　猶半途而廢。

【語　譯】懷著兩種不同謀慮的人不可能建立偉大的功業，態度左右不定的人不可能樹立威信。所以處理外部事務的人必須協調自己內心的思想，想要安定遠方的人必須整頓眼前的事情。治理天下、操心八極的人，家裡是不應存在憂患的。欲使精氣流通、神志舒暢、延年益壽的人，他的心志是不能受到外物的役使。據有土地和人民，治理國家管理百姓的人，不能貪圖私利，發展自己的產業，對百姓的教化就推行不了，而且政策法令也不能貫徹執行。蘇秦、張儀身處於尊貴的相位，著名於當時割據的七國，他們先後當了六個諸侯國相，事奉過六個國君，威振山東各國，游說各國諸侯，在不同的國家使用不同的言辭，對不同的人表達不同的意思，或者想聯合弱的六國制服強大的秦國，或者拿連橫的主張對抗合縱，心裏沒有固定的計謀，行事也沒有一定不變的名義，結果功業不成，半途而廢，身死於普通人之手，被天下人所譏笑，這是因為他們的辭語不一，而情欲放縱的緣故。

故管仲相桓公❶，詘節❷事君，專心一意，身無境外之交❸，心無欹斜❹之慮，正其國而❺制天下，尊其君而屈諸侯，權行於海內，化流於諸夏❻，失道者誅，秉義者顯，舉一事而天下從，出一政❼而諸侯靡❽。故聖人執一政以繩百姓，持一槩❾以等萬民，所以同一治而明一統❿也。

【章　旨】此章以管仲為例，說明政出於一，方能成就霸業。

【注　釋】❶管仲相桓公　即謂桓公以管仲為相。管仲名夷吾，字仲，一字敬仲，潁上（今安徽省境）人，春秋初年政治家。先助公子糾與公子小白爭位失敗，小白繼位為齊桓公，經鮑叔牙推薦，被齊桓公任為上卿。執政四十餘年，因勢制宜，實行改革，注意發展農業生產，特許在庶民中選士，對外致力於「尊王攘夷」、「九合諸侯」等活動，使齊桓公成為春秋時期第一個霸主。❷詘節　猶言「屈節」。此謂管仲先助公子糾與齊桓公為敵。失敗後又屈身以事桓公。

❸無境外之交　此謂不同齊國以外的人交往。古時為人臣無外交，非有天子之命，不得出會諸侯。❹欹斜　文廷式《純常子枝語》曰：「『欹斜』即『奇衺』之異文。」奇衺，諂媚欺詐，行為不正。❺而　本作「如」，《子彙》、《彙函》、《品節》、《金丹》等均作「而」，據改。❻諸夏　指周代分封的諸侯國。❼政　政事。❽諸侯靡　謂諸侯相隨。❾槩　量粟麥時刮平斗斛的器具。後世俗稱斗趟子。❿一統　統一全國。

【語　譯】所以管仲輔佐齊桓公，屈身事奉其君，專心一意，既不同齊國以外的人交往，心裏也沒有什麼譎詐不正的想法。從治理好齊國做起，然後制服天下，使桓公取得霸主的尊位，而諸侯皆居其下，這樣，齊桓公的權威普行於海內，齊國的教化也遍及全中國，誰不依道義而行，齊國就可以誅殺他，誰秉持道義辦事，齊國就能夠使他顯貴，齊國辦一件事，其它諸侯國就跟著仿效，齊國採取一項政治措施，其它諸侯國也追隨模仿。因此聖人治國總是用統一的政策去要求老百姓，用統一的標準去衡量所有的人民，這是為了使所有的地方和事情都一樣治理好，並說明天下是一統的。

故天一❶以大成數，人一以□成倫。楚靈王居千里之地，享百邑之國，不先仁義而尚道德，懷奇伎❷，□□□，□陰陽，命物怪❸，作乾谿之臺❹，立百仞❺之高，欲登浮雲，窺天文❻，然身死於棄疾之手❼。魯莊公據中土❽之地，承聖人之後❾，不脩周公之業，繼先人之體❿，尚權杖威，有萬人之力⓫，懷兼人⓬之強，不能存立子糾⓭，國侵地奪，以洙泗為境。

【章　旨】此章言專一乃是天理，楚靈王、魯莊王不循天理而告失敗。

【注　釋】❶天一　《老子》三十九章：「昔之得一者，天得一以清，地得一以寧。」「一」是萬數之始，「道」是萬物之宗，故以萬數之始的「一」，比喻萬物之宗的「道」。❷奇伎　特異的才能。伎，通「技」。❸物怪　指怪異事物。怪，原作「恡」。孫詒讓《札迻》曰：「案：『恡』當作『怪』，形近而誤。」。❹乾谿之臺　唐晏《陸子新語校注》曰：「按：《左傳》、《國語》皆作章華臺，此作乾谿臺，乾谿在下蔡，章華臺故址在華容，相去甚遠，此誤合之，由《穀梁》無章華臺故。」故址在今湖北監利縣西北。❺百仞　極言其高。❻窺天文　謂觀察日月星辰。古時天子有靈臺以觀天文，此言楚靈王觀天文，當是僭天子而為之，非禮也。❼死於棄疾之手　宋翔鳳《新語》校本曰：「本缺『疾之手』三字，依別本補。」棄疾，靈王弟。❽中土　指冀州。魯國所在地。❾承聖人之後　聖人指周公。言魯莊公是周公之後。莊公乃周公第十世孫。❿繼先人之體　謂繼承先祖之位。⓫有萬人之力　唐晏《陸子新語校注》校本曰：「按：莊公以善射聞，不聞其多力，此亦可備異聞。」⓬兼人　勝過別人。⓭不能存立子糾　謂不能保護子糾。

【語　譯】所以天得一以成就大的道理，人一以□成倫。楚靈王占有方圓千里的土地，享有百邑的大國，但他不能首先講究仁義道德，他懷有特異的才能，□□□，□陰陽，驅遣各種怪異之物，修建乾谿高臺，站立在百仞之高的臺上，妄想登上浮雲，觀察日月星辰，卻死在棄疾的手裡。魯莊公據有中國中部的土地，是聖人周公的後代，但他不整治周公的遺業。他繼承先人的君位，是依仗權勢濫用武力；有萬人的力量，又懷有超人的勇猛，卻不能保全前來避難的子糾，並讓他回到齊國為君。家被外人侵略，土地被外人強奪，他只能退縮在洙、泗為界的狹小地盤裡。

夫世人不學《詩》、《書》，行仁義，尊❶聖人之道，極經藝❷之深，乃論不驗❸之語，學不然❹之事，圖天地之形，說災變之異，乖先❺王之法，異聖人之意，惑學者之心，移眾人之志，指天畫地❻，是非世事❼，動人以邪變，驚人以奇怪，聽之者若神，視之者如異❽；然猶不可以濟於厄❾而度其身❿，或觸罪□□⓫法，不免於辜戮⓬。故事不生於法度，道不本於天地，可言而不可行也，可聽而不可傳也，可小⓭翫而不可大用也。

【章　旨】此章言讖緯之說為邪端異說，不可信。

【注　釋】❶尊　宋翔鳳《新語》校本曰：「本缺一字，依別本補。」❷經藝　即指諸經。❸不驗　謂不能驗證，沒有事實依據。❹不然　謂非常之變。❺乖先　宋翔鳳《新語》校本曰：「本缺二字，依《子彙》補，別本『乖』作『弃』。」❻指天畫地　意猶「上觀天文，俯察地理」。古人以指天畫地為皇王之事，非臣下所宜為。❼是非世事　謂褒貶世事的得失，議論世事的短長。❽視之者若異　唐晏《陸子新語校注》曰：「按世謂讖緯之說，起自哀、平；今據陸生所言，則戰國以來有之矣。故『亡秦者胡』及《孔子閉房記》、沙丘之說，皆讖也。」❾濟於厄　解救危難。❿度其身　謂使他度過一生。⓫□□　宋翔鳳《新語》校本曰：「《抄本》作缺一字。」⓬辜戮　古代的一種酷刑，指肢解軀體。⓭小　原缺。宋翔鳳《新語》校本曰：「別本作『小』。」據補。

【語　譯】世俗的人們不學習《詩》、《書》，沒有什麼仁義道德觀念，也不尊重聖人之道，更不用說去窮極諸經的深刻奧秘，卻去談論那些毫無根據的話，學習那些不正常的事情，圖畫天地的圖狀，預言吉凶災變，背離先王的法度，違反聖人的意志，迷惑學者的思想，變易老百姓的志向情操，指天畫地，褒貶世事的得失，以非正常的變化去搖動人心，用奇怪的事件去驚嚇人們，聽的人好像真有神靈，看到的人似乎覺得有怪異；但是，這些邪行異說並不能真正解救危難，也不能給人的生活帶來幸福，有的甚至觸罪犯法，難免得到肢解軀體的下場。因此，凡事不出於法度，不本於天地之道，可以說說但絕不可照著去辦，可以聽聽但不能加以傳播，可稍加留心而不可大用。

故物之所可，非道之所宜；道之所宜，非物之所可。是以制事者不可□，設道者不可通。目以精明❶，耳以主聽，口以別味❷，鼻以聞芳❸，手以之持，足以之行，各受一性，不得兩兼；兩兼則心惑❹，二路❺者行窮，正心一堅，久而不忘，在上不逸，為下不傷。執一❻統物，雖寡必眾；心佚情散❼，雖高必崩；氣泄生疾，壽命不長；顛倒無端❽，失道不行。故氣感之符，清潔明光，情素❾之表。恬暢和良，調密者固，安靜者祥，志定心平，血脈乃彊❿。秉政圖□⓫兩，失其中方，戰士不耕，朝士不商，邪不奸直，圓不亂方，違戾⓬相錯，撥剌⓭難匡。故欲理⓮之君，閉利門；積德之家，必無災殃。利絕而道著，武讓⓯而德興，斯乃持久之道，常行之法也。

【章　旨】此章言閉絕私利而興道德，是持久之道，常用之法。

【注　釋】❶精明　精細明察。❷口以別味　人的口是用來辨別味道的。❸聞芳　聞到芳香。❹兩兼則心惑　別本作「兼則心惑」。俞樾《新語平議》曰：「樾謹按：『兼則心惑』，本作『兩兼則心惑』，與『二路者行窮』相對成文。」案：俞說可供參考。❺二路　兩條道路。猶言腳踏兩條船，不專一也。❻執一　意為專心一致，政出一門。❼心佚情散　謂心思精神分散，不能集中。❽端　事物的一頭。❾情素　衷誠；本心。❿血脈乃彊　謂生命力旺盛，身體強壯。血脈，體內流通血液的脈絡，即血管。⓫圖□　嚴可均輯《新語》注曰：「『圖兩』中間無缺。」按嚴說也。⓬違戾　指相反的事物。⓭撥刺　孫詒讓《札迻》曰：「案『撥』，『址』之借字，『刺』當作『剌』，《說文・址部》云：『址，足剌址也，讀若撥。』〈刀部〉：『剌，戾也。』《淮南子・修務》云：『琴或撥剌枉撓。』高注云：『撥剌，不正也。』程榮本『剌』作『刺』，尤譌。」⓮理　當是避唐諱「治」字改。⓯讓　以己所有者與人。唐晏《陸子新語校注》曰：「『讓』當作『攘』」，可供參考。

【語　譯】所以眾人之論所贊成，用道來衡量往往是不適宜的；而按道來衡量是適當的，眾論又不贊成。因此制事者不可□，設道者不可圓通。眼睛用於精細明察，耳朵用於聽取各種聲音，口是用來辨別味道的，鼻子是用來聞芳香的，手的功能是拿物，腳的功能是走路，各有專門的特性，不可能兼有兩種功能；一個器官兼有兩種功能，就會令人思想混亂，同時想走兩條路的人就不可能行走，端正思想始終如一，長久堅持而不忘記，在上的統治者不貪圖安逸享受，在下的老百姓不傷害別人，用統一的法則政令去管理萬物，起初雖然寡弱，到後來必定發展壯大；思想散亂、精神不能集中，起初就算處於很高的地位，其結果也必定崩潰失敗；如果人的精氣消散就會生病，壽命就難以久長；顛顛倒倒而沒有一定的準則，就會失去常行之道而無法生存了。因此人的精氣與天地自然之氣相契合，就會純淨皎潔，內心情感在外的表現，必定安靜舒暢而和順愉悅；能把精氣收攝緊密的人其精氣就能凝聚，心態安靜的人就會舒適，意志堅定不變而心情平和，生命力就旺盛而強壯。治理國家如果政出多門，就會失去最好的治國方法——中庸之道；打仗的士兵不應去耕作，朝廷的官吏不去經商，邪曲的不要去違犯正直的，圓的不要去擾亂方的，如果相反相戾的事物交錯在一起，不正的東西就難以糾正了。所以，想要治理好國家的君主，就應該關閉謀求私利的大門；長久積德的人家，必定沒有災難禍殃。謀利的念頭被杜絕，武力被擱置，而道和德顯著、興起，這才是能夠持久的治國之道，可以長期實行的法則。

本行第十

【題解】本篇言治國要以道德為上，言行當以仁義為本，衡量尊卑貴賤的標準是道德仁義。

治以道❶德為上，行以仁義為本。故尊於位而無德者黜❷，富於財而無義者刑，賤而好德者尊，貧而有義者榮。段干木❸徒步❹之士，脩道行德，魏文侯過其閭而軾❺之。夫子陳、蔡之厄❻，豆飯菜羹，不足以接餒❼，二三子❽布弊❾褞袍❿，不足以避寒，倥傯⓫屈厄⓬，自處甚矣；然而夫子當於道⓭，二三子近於義。自布衣之士，上□天子，下齊庶民，而⓮累其身而匡⓯上也。及閔⓰周室之衰微，禮義之不行也，厄挫頓仆，歷說⓱諸侯，欲匡帝王之道，反天下之政；身無其立⓲，而世無其主，周流⓳天下，無所合意，大道隱而不舒，羽翼⓴摧而不申。自□□深授其化，以厚終始㉑；追治去事，以正來世㉒；按紀圖錄㉓，以知性命㉔；表定六藝，以重儒術㉕；善惡不相干㉖，貴賤不相侮，強弱不相凌，賢與不肖不得相踰，科第㉗相序，為萬□□□㉘而不絕，功傳而不衰，《詩》、《書》、《禮》、《樂》，為得其所㉙，乃天道之所立，大義之所行也，豈以□□威耶？

【章　旨】此章言貴德賤財。

【注　釋】❶治以道　宋翔鳳《新語》校本曰：「本缺二字，依《治要》增，又多一字。」❷黜　貶斥；廢退。❸段干木　戰國時魏人，少貧且賤。游西河，師事卜子夏，與田子方、李克、崔璜、吳起等居於魏，諸人皆為將，唯段干木守道不仕。魏文侯就造其門，段踰牆避之。文侯出過其廬而軾，請以為相，不受，乃待以客禮。文侯每見之，立倦而不敢息。❹徒步　步行。古時平民百姓出行無車，故亦以徒步為平民的代稱。❺軾　軾為車箱前扶手橫木。古人立而乘車，低頭撫軾，表示敬意。❻夫子陳蔡之厄　據《史記・孔子世家》的記載：當孔子率領諸弟子周遊列國，正在陳國、蔡國之間的時候，楚國派人來聘孔子，孔子將前往楚國，陳、蔡二國的大夫，深恐楚國一旦重用孔子，將對陳、蔡不利，於是發動兵眾，圍困孔子，以致糧食斷絕，師生們挨了幾天餓。❼接餒　謂接濟飢餓。❽二三子　謂孔子諸弟子。❾弊　俞樾《新語平議》曰：「樾謹按：弊者，襒之叚字。《廣雅》：『襒，袂也。』布襒，謂布袂也，古無襒字，或以敝為之。《禮記・緇衣》：『苟有衣，必見其敝。』謂有衣必見其袂也。說本王氏念孫。此又作『弊』，蓋以聲近而通用，本無定字耳。」❿縕袍　布衣。⓫倥傯　困苦；急迫。⓬屈厄　委屈困迫。⓭當於道　合於道。⓮而　唐晏《陸子新語校注》曰：「此字有誤。」按：「而」猶「乃」也。⓯匡　糾正；輔助。⓰閔　憐恤；哀傷。⓱歷說　周流游說。⓲立　宋翔鳳《新語》校本曰：「按『立』與『位』通。」文廷式《純常子枝語》曰：「『立』，古『位』字。」⓳周流　周偏流行，周行各地。⓴羽翼　鳥類藉羽翼而飛，故古人或用以喻人之才能；羽翼又在身側左右，故又喻左右輔佐之人。此處皆可通，然孔子弟子頗有見用者，故以前解為長。㉑厚終始　孫貽讓《扎迻》曰：「案：此言孔子作《春秋》也。『厚』當為『序』，漢隸『序』『厚』二字形近，故傳寫多互譌。……序終始，謂序次十二公之事也。」按：厚或當作原，謂原始要終也。㉒追治去事二句　此指孔子修《春秋》。㉓圖錄　亦作「圖籙」。即圖讖，宣揚符命占驗的書。相傳託始於孔子。㉔以知性命　此指孔子贊《周易》。㉕以重儒術　宋翔鳳《新語》校本曰：「本缺〈重儒術〉三字，依別本補。」唐晏《陸子新語校注》曰：「此總言《詩》、《書》、《禮》、《樂》。」㉖干　干犯；抵觸。㉗科第　謂依科考校，第其高下，使之相序。㉘□□□　唐晏《陸子新語校注》曰：「所缺不止三字。」㉙詩書禮樂二句　《論語・子罕》：「子曰：『吾自衛反魯，然後樂正，《雅》、《頌》各得其所。』」

【語　譯】治理國家應以道德為上，人的行為應以仁義為本。所以處在尊貴崇高的地位而沒有道德的人就該罷免，富有財寶而沒有仁義的人就該受到處罰。地位卑賤而崇尚道德的人應該受到尊敬，貧窮而有仁義的人應該得到榮耀。段干木是個平民百姓，因他遵循道德，魏文侯乘車經過他家門前，也要站立起來，扶著車軾表示敬意。孔子窮困於陳、蔡之間，用豆子做飯，以蔬菜做湯，不足以充飢，孔子諸弟子穿的布袂布衣，也不足以禦寒，飢寒交迫，其處境的委屈困苦，已經到了無以復加的地步；然而孔子的行為合於道，諸弟子的行為近於義。雖然只是普通的士民，上□天子，對下可以整治老百姓的風氣，這是勞累他們自己的身心以匡救在上者的過失。他憫傷周朝勢力衰微，禮義廢弛，不顧困苦挫折，周行各地，游說諸侯，欲扶正帝王之道，使執掌天下政教的權力返回到周王朝，但孔子本身沒有尊貴的地位，而當時又沒有能任用孔子的君主，因此，孔子周行天下，也找不到合乎他意願的地方，治國的大道隱晦而得不到施展，才能受到摧殘而不能發揮，自□□□深授其化，因此，原始要終，追述過去的史事，讓來世從中吸取教訓，按照所記的圖籙，來推知天地之性與未來的命運，表彰考定《六經》，以引起對儒家學說的重視，使善惡不互相抵觸，貴賤不互相侮辱，強弱不互相欺凌，賢良和不肖不互相混淆，依科考校，第其高下，使之相序，為萬□□□而不絕，功績長久流傳而不衰，《詩》、《書》、《禮》、《樂》，各得其所，這就是治理國家的大道所以能夠確立，大義所以能夠存在的緣故，豈以□□威耶？

夫人之好色❶，非脂粉所能飾，大怒❷之威，非氣力所能行也。聖人乘天威❸，合天氣❹，承天功❺，象天容❻，而不與為功，豈不難哉❼？夫酒池可以泛舟❽，糟丘❾可以望遠，豈貧於財哉？統四海❿之權，主九州⓫之眾，豈弱於力⓬哉？然功不能自存，威不能自守，非為貧弱，乃道德不存乎身，仁義不加於天下也。

【章　旨】此章以聖人與君主對比，說明財富、威力不如仁義道德。

【注　釋】❶好色　美色。❷怒　奮發。❸天威　上天的威嚴。❹天氣　謂自然界的陰、陽、風、雨、晦、明。❺天功　天的功用。❻天容　天空的景色。❼豈不難哉　唐晏《陸子新語校注》曰：「《文選》注引作『聖人承天威，承天功，與之爭功，豈不難哉？』」❽酒池可以泛舟　謂以酒為池，其深廣可以泛舟。❾糟丘　積釀酒所餘的糟滓堆積成山。《新序．節士》：「桀為酒池，足以運舟，糟丘足以望七里。」❿四海　古代以為中國皆有海，所以把中國叫海內，外國叫海外。四海，意同天下。⓫九州　古代中國設置的九州。此泛指中國。⓬力　宋翔鳳《新語》校本依《治要》作「武力」。

【語　譯】人的美色，不是油脂粉黛所能裝飾的；由於不尋常的憤怒所產生的威嚴，不是人的氣力所能辦到的。聖人順應上天的威嚴，適應自然的變化，繼續發揮上天的功用，以自然的景色為儀容，而不與上天爭功，這不是難辦的事嗎？桀紂以酒為池，池內可以划船，積酒糟成山，登山可以遠望，其財富難道還不豐足嗎？有統治天下的權勢，主宰著全中國的民眾，其武力難道還不強大嗎？但是，說功績，他不能保衛自己的國家，論威嚴，他不能保存自己的性命，這不是貧窮薄弱造成的，而是因為君主本身沒有道德，又不能用仁義去教化民眾的緣故。

故察於財❶而昏於道者，眾之所謀也；果於力❷而寡於義者，兵之所圖也。故君子篤於義❸而薄於利，敏於事而慎於言❹，所□□廣❺功德也。

故曰：「不義而富且貴，於我如浮雲❻。」

【章旨】本章言君子當重義輕財。

【注釋】❶察於財　謂對財利斤斤計較。察，分別辨析，考察得很仔細。❷果於力　謂敢於使用武力。果，果敢；勇敢。❸篤於義　謂篤厚於義，專一於義。《文選》江文通〈雜體詩〉注引作「君子篤義於惠」。❹敏於事而慎於言　語出《論語・學而》。《集解》：「孔曰：『敏，疾也。』」邢疏：「敏，疾也，言當敏疾於所學，事業則有成功。《說命》曰：『敬遜務時敏，厥修乃來。』是也。學有所得，又當慎言說之。」❺□□廣　原闕三字，依《群書治要》補一字。❻不義而富且貴二句　語出《論語・述而》。《疏》曰：「富與貴雖人之所欲，若富貴而以不義者，於我如浮雲。言非己之有也。」

【語譯】大凡對錢財看得極分明而看不見道義，這是一般人的想法；勇於使用武力而看輕仁義，這是用兵的打算。所以，君子專心於仁義而輕視錢財，勤勉學習，而審慎言辭，所□□廣功德也。因此孔子說：「所行不義而得到富與貴，於我像浮雲一樣。」

夫懷璧玉，要❶環佩❷，服名寶，藏珍怪，玉斗❸酌酒，金罍❹刻鏤，所以夸小人之目者也❺；高臺百仞，金城文畫❻，□簾雕飾，所以疲百姓之力，非所以扶弱存亡者也。故聖人卑宮室而高道德，惡衣❼服而謹仁義，不損其行以增❽其容，不虧其德以飾其身，國不興無事之功❾，家不藏無用之器，所以稀力役⑩而省貢獻⑪也。璧玉珠璣⑫，不御⑬於上，則翫好之物⑭棄於下；雕刻綪畫⑮，不納於君，則淫伎⑯曲巧⑰絕於民。夫釋農桑之事，入山海，採珠璣，求瑤琨⑱，探沙谷，捕翡翠⑲，□瑇瑁⑳，搏犀象㉑，消筋力㉒，散布泉㉓，以極耳目之好，以快淫邪之心，豈不謬哉？未見先道而後利，近德而遠色者也。

【章旨】此章言以寡欲為治，使天下歸於質樸。

【注釋】❶要 「腰」之本字。❷環佩 佩玉。❸玉斗 酒器。❹金罍 酒器名。尊形，飾以金，刻為雲雷之象。❺夸小人之目者也 宋翔鳳《新語》校本曰：「此三十字，本作『夫身帶璧玉，庸環佩，服府藏珍□□□酌，舍銀刻鏤，可以夸小人，非所以厚於己而濟於事也』。今依《治要》改。《意林》引此云：『玉斗酌酒，金椀刻鏤，所以夸小人，非厚己也。』」❻金城文畫 宋翔鳳《新語》校本曰：「本作『金□□□簾雕飾』，依《治要》改，無缺字。」《文選》〈嘯賦〉注、〈七啟〉注引同作「高臺百仞，文軒彫窻」。金城，言城之堅，如金鑄成。文畫，用彩色裝飾圖畫。❼惡衣 宋翔鳳《新語》校本曰：「本缺『惡衣』二字，依《治要》補。」❽增 宋翔鳳《新語》校本依《治要》改作「好」。❾無事之功 沒有重大政治、軍事事件而讓民眾勞苦。❿力役 勞役。⓫貢獻 指地方百姓將各種產品進貢給朝廷。⓬珠璣 即珠寶。璣，謂珠之不圓者也。⓭御 進用；奉進。⓮翫好之物 謂賞翫嗜好之物。⓯綪畫 彩畫。綪，草名，可以染物為赤色，引申為色名。⓰淫伎 過度奇巧的技能。⓱曲巧 謂不正當的技藝。⓲瑤琨 玉石名。⓳翡翠 鳥名。也叫翠雀。羽有藍、綠、赤、棕等色，可為飾品，雄赤曰翡，雌青曰翠。⓴瑇瑁 形狀似龜的爬行動物，產於熱帶海中，甲殼可作裝飾品。㉑犀象 犀牛和大象，均為稀有大動物。㉒筋力 同「觔力」、「筋力」。意為力氣。㉓布泉 貨幣。

【語譯】懷裡揣著璧玉，腰上懸掛著環佩，身上穿著名貴的衣服，家裡收藏著稀奇珍寶，喝酒用的斗是用玉石做成的，盛酒的尊形罍以金裝飾，並刻有雲雷之象，這些可以在世俗小人的眼前炫耀。樓臺高達百仞，堅固的城樓飾有彩圖，□簾雕飾，這些只不過是用盡了老百姓的財物和氣力，並不能以此來扶助國家的貧弱，挽救國家的滅亡。所以聖人住在卑陋的房屋而把道德看得很高，把日常的穿戴看得隨隨便便，而行仁義卻是一絲不苟，不用損害德行來增添臉上的光彩，也不以虧損道德的方式來美化自身，國家沒有重大的變故，絕不讓民眾服勞役，家裡絕不收藏沒有實際用途的器具，以此來減少百姓的力役，降低百姓的負擔。璧玉珠寶不為朝廷所用，那麼在下面的就不看重一切賞翫嗜好之物；雕刻、彩畫等精巧之物不進獻給國君，那麼過度奇巧的技能和不正當的藝術在社會上就會銷聲匿跡。放棄從事農桑的本業，只顧入深山大海，採集珠寶，求取瑤琨之類的美玉，訪尋沙灘幽谷，捕取翡翠和瑇瑁，捉拿犀牛大象，消耗老百姓的精力，耗費國家的錢財，來滿足耳目的嗜好，來滿足淫邪之心的需求，這不是非常荒謬嗎？可惜找不到那種把道放在前而把利放在後，重視德行而遠離聲色的人啊！

明誡第十一

【題解】此篇言天人相感，天道因乎人道，善道作於下，則善氣感於天。故君臣當謹言行，去惡氣，以道德治國。

君明於德❶，可以及遠❷；臣篤於信❸，可以致大。何以言之？湯以七十里❹之封，而升帝王之位；周公自立三公之官❺，比德於五帝❻；斯乃口出善言❼，身行善道❽之所致也。安危之效，吉凶之符❾，一出於身；存亡❿之道，成敗之驗⓫，一起於行⓬。堯、舜不易日月而興，桀、紂不易星辰而亡，天道⓭不改而人道⓮易也。

【章　旨】本章言治亂由人，君主當以善道治國。

【注　釋】❶君明於德　原作「君□□政」，依《治要》作「君明於德」。❷及遠　宋翔鳳《新語》校本依《治要》作「及於遠」。❸篤於信　謂忠厚而誠實。宋翔鳳《新語》校本依《治要》作「篤於義」。❹湯以七十里　語出《孟子・公孫丑》上：「以德行仁義者王，王不待大。湯以七十里，文王以百里。」❺周公自立三公之官　原作「周公以□□□□」，依《治要》作「周公自立三公之官」。❻五帝　宋翔鳳《新語》校本依《治要》作「五帝三王」。❼善言　高妙之論。❽善道　符合道德仁義標準的治國之道。❾符　原缺。宋翔鳳《新語》校本依《治要》補作「符」，《子彙》本、傅增湘校本、唐晏校注本均作「徵」。❿存亡　原本缺，今從宋翔鳳《新語》校本依《治要》補。⓫驗　宋翔鳳《新語》校本依《治要》改作「事」。⓬一起於行　宋翔鳳《新語》校本依《治要》作「一起於善行」。俞樾《新語平議》則疑此句本作「一起於言」，可供參考。⓭天道　自然的規律。⓮人道　人類社會的道德規範。

【語　譯】人君的政治清明，可以影響到很遠的地方；臣子們忠厚誠實，可以使國家強大。為什麼這樣說呢？成湯起初只有七十里的封地，但後來他成為建立商代的帝王；周公自居於三公之位，但他的功德可以與五帝相媲美；這就是因為他們說的是正確的言辭，行的是正確的道所得到的結果。平安還是危險的效果，吉祥還是凶險的徵驗，一概看他自身的行為；國家存亡之道，事業成敗的效驗，也一概看他的行動。堯、舜沒有改變日月而興旺發達，桀、紂沒有改變星辰卻走向滅亡，可見大自然的規律是不變的，只是人們所行的道不同才有不同的結果。

夫持天地之政，操四海之綱，屈申❶不可以失度❷，動作不可以離道❸。謬誤出於口❹，則亂及萬里之外，況刑及無罪於獄❺，而殺及❻無辜❼於市乎？故世衰道亡❽，非天之所為也，乃國君者有所取之也。

【章　旨】本章言國君的言行不可偏離道德的標準。

【注　釋】❶屈申　原闕，宋翔鳳《新語》校本據《群書治要》補作「屈申」，《彙函》、《品節》作「周旋」。按「屈申」、「周旋」均指人的行動。今姑從《治要》。❷失度　失其常度。度，宋翔鳳《新語》校本據《治要》作「法」。❸離道　失去道德。道，宋翔鳳《新語》校本依《治要》改作「度」。❹出於口　宋翔鳳《新語》校本據《群書治要》刪「於」字。按：不必刪。❺況刑及無罪於獄　宋翔鳳《新語》校本據《治要》改作「何況刑無罪於獄」。❻殺及　宋翔鳳《新語》校本依《治要》作「誅」。❼無辜　無罪或無罪的人。❽亡　宋翔鳳《新語》校本依《治要》改作「失」。

【語　譯】掌管按照天地四時變化發布政令的大權，操持治理四海的綱紀，一屈一申不可以失度，一舉一動不可以離開道德。錯誤的言論隨便從口裏說出，引起的禍亂卻可能殃及萬里之外，更何況把那些沒有過錯的人關進監獄加以懲罰，把那些沒有罪過的人在市上加以殺害呢？所以說，國家衰微、道德喪失，並不是上天的有意安排，而是國君自己的行為所招來的。

惡政生於惡氣❶，惡氣生於災異❷。蝮蟲❸之類，隨氣而生；虹蜺❹之屬，因政而見。治道失於下，則天文❺度❻於上；惡政流於民，則蟲災生於地❼。賢君智則知隨變而改，緣類而試，思之於□□□變。聖人之理，恩及昆蟲❽，澤及草木，乘天氣而生，隨寒暑而動者，莫不延頸而望治❾，傾耳❿而聽化。聖人察物，無所遺失，上及日月星辰，下至鳥獸草木昆蟲，□□□⓫鷁⓬之退飛，治五石之所隕⓭，所以不失纖微⓮。至於鴝鵒來⓯，冬多麋⓰，言鳥獸之類□□□也。十有二月李梅實⓱，十月殞霜不煞菽⓲，言寒暑之氣，失其節也。鳥獸草木，尚欲各得其所⓳，綱之以法⓴，紀之以數㉑，而況於人乎？

【章旨】此章言天人相感，天道因乎人道。

【注釋】❶生於惡氣　《治要》作「生惡氣」，當從《治要》。惡氣，邪氣。❷生於災異　《治要》作「生災異」，當從《治要》。災異，指自然災害和反常的自然現象。❸蝮蟲　指蝮蛇之類的有毒蟲類。宋翔鳳《新語》校本依《治要》作「螟蟲」。❹虹蜺　太陽光線與水氣相映，出現在天空的彩暈。相傳有雌雄之別，色鮮盛者為雄，色暗淡者為雌；雄曰虹，雌曰蜺，合稱虹蜺。❺天文　日月星辰等天體在宇宙間分布運行等現象。古人把風、雲、雨、露、霜、雪等地文現象也列入天文範圍。❻度　宋翔鳳《新語》校本作「變」。❼蟲災生於地　唐晏《陸子新語校注》曰：「按：《春秋》書『多麋』、『有蜮』、『有蜚』、『螽』、『螟』、『有星孛於大辰』、『有星孛於東方』，皆政之所感也。」蟲災，宋翔鳳《新語》校本依《治要》作「螟蟲」。地，作「野」。❽昆蟲　蟲類的統稱。猶言眾蟲。❾頸而望治　原缺，宋翔鳳《新語》校本曰：「本缺『頸而望治』四字，《子彙》不缺。」延頸，伸長脖子遠望。常用以形容殷切想望。❿傾耳　側耳而聽。注意聽取之意。⓫□□□　《子彙》本、唐晏本作「□□六」。《彙函》、《品節》此三缺字連上「昆蟲」兩字共只作一個「六」字。⓬鷁　或作「鶂」。水鳥名，形如鷺而大，羽色蒼白，善翔。⓭五石之所隕　此事見於《春秋》僖公十六年：「春，王正月，戊申，朔，隕石于宋五。是月，六鷁退飛，過宋都。」隕，墜落。⓮不失纖微　謂聖人觀察仔細，不遺失細微的地方。⓯鴝鵒來　此事見於《春秋》昭公二十五年：「有鸜鵒來巢。」鴝鵒，俗稱八哥。⓰冬多麋　此事見於《春秋》莊公十七年：「冬，多麋。」⓱李梅實　此事見於《春秋》僖公三十三年：「十有二月，……李梅實。」李、梅，均為果木名，俱在春季開花結果，此記冬十二月結果實，是為異也。⓲十月殞霜不煞菽　《春秋》定公元年：「冬，十月，隕霜殺菽。」又僖公三十三年：「十二月……隕霜不殺草。」陸氏此言或有誤，當作「十月殞霜煞菽」，或「十月殞霜不煞草」。⓳各得其所　此謂事物各如其所願，都得到適當的安置。⓴綱之以法　謂以法度來加以管理。㉑紀之以數　謂以曆數來進行治理。數，曆數，推算節氣之度。

【語　譯】邪惡的政治就會產生邪惡之氣，邪惡之氣又會產生災害異變。蝮蛇之類的有毒蟲類，隨著邪惡之氣而產生；天空的虹蜺，因為惡政而出現。在下的人君治國之道有失誤，在上的日月星辰等天體就會相應地作出反應；邪惡的政治如果影響到民間，大地上就會出現蟲害。因此，明智賢良的君主懂得根據天文的變化而調整自己的言行，並根據災變的類別試圖加以防備。思之於□□□變。聖人的治理，恩澤遍及蟲類草木，凡屬依靠上天的陰陽之氣而生，隨著寒冷暑熱的變化而動的，莫不伸長脖子盼望聖人的治理，莫不側著耳朵聽從聖人的教化。聖人觀察事物，仔細全面而毫無遺漏，天上的，觀察了日月星辰等天體；地上的，觀察了鳥獸草木昆蟲，六鷁的退飛，五石的隕落都見於記載，所以說聖人觀察事物不遺漏細微的地方。至於記載鴝鵒來巢，冬天多麋，言鳥獸之類□□□也。十有二月，李樹、梅樹開花結果，十月降霜危害菽苗，這是說寒暑氣候失去常有的規律了。鳥獸草木等無情之物，尚且想讓它們各得其所，按照自然的法則讓它們有秩序地生活，連六鷁五石等具體數字也作了記載，何況對於有感情的人呢？

聖人承天之明❶，正日月之行，錄❷星辰之度，因天地之利，等高下之宜，設山川之便❸，平四海，分九州，同好惡，一風俗❹。《易》曰：「天垂象，見吉凶，聖人則之；天出善道，聖人得之。」❺言御占圖曆❻之變，下衰風化之失，以匡衰盛，紀物定世❼，後無不可行之政，無不可治之民。故曰：「則天之明，因地之利❽。」觀天之化，推演萬事之類，散之於□□❾之間，調❿之以寒暑之節，養⓫之以四時之氣，同之以風雨之化，故絕國異俗⓬，莫不知□□□⓭，樂則歌，哀則哭，蓋聖人之教所齊一⓮也。

【章　旨】此章言聖人治國能則天之明，因地之利，故能使天下之人同好惡，一風俗。

【注　釋】❶承天之明　謂承受上天日月星辰的光明。❷錄　采取；采納。❸設山川之便　謂根據山川之所宜而有不同的設施。❹一風俗　謂使風俗均齊。❺易曰六句　唐晏《陸子新語校注》曰：「按：今《易》作『天垂象，見吉凶，聖人象之；河出圖，洛出書，聖人則之』，陸生所引，大異於今本。」❻御占圖曆　謂進行占驗圖錄的事情。御，治理。占，占驗，視兆以知吉凶。圖，圖籙，附會經義以占驗術為主要內容的書。曆，錄曆，記錄年月日節氣的書冊。❼紀物定世　謂記載日月星辰鳥獸草木等萬物的運動規律以定歲時節氣。❽則天之明二句　此為《孝經・三才章》文，邢注：「法天明以為常，因地利以行義。」❾□□　宋翔鳳《新語》校本曰：「《子彙》本作『散見於彌漫之間』，無缺字。」按：「散見於彌漫之間」亦與上下文意不合，姑從缺。❿調　協調；調整。⓫養　陶冶；修養。⓬絕國異俗　極遠的邦國，習俗不同的地區。⓭莫不知□□□　《彙函》、《品節》作「莫不知慕」。⓮齊一　統一；劃一。

【語　譯】聖人承受上天日月星辰的光明，讓日月循正軌運行，記錄星辰移動的度數，根據天地之利，按高下之所宜，定出所種作物的種類，分別山川之便以設置舟、車及田獵漁鹽等事，平定四海，劃分九州，使好惡標準相同，使風氣習俗統一。《周易》說：「上天垂示物象，現出吉凶的徵兆，聖人就取法它；上天顯示善道，聖人就得到它。」這是說的用圖籙來占驗吉凶變化的先兆，以及衰世風俗教化的失誤，以此來對國家的盛衰有所補救，並記錄萬物的變化規律來定歲時節氣，這樣，後世就沒有不可實行的政治，也沒有不可以治理的百姓，所以說：「效法上天的光明，憑藉大地的各種有利條件。」觀察天文的變化，來推論演繹出地上萬物萬事的相似變化，散之於□□之間，用寒暑更替的季節去調劑它們，用春夏秋冬的氣候去養育它們，讓它們共同感受風霜雨雪的化育，因此，即使是偏遠的邦國或不同習俗的地區，莫不知□□□，快樂的時候就歌唱，哀傷的時候就哭泣，這大概就是聖人的教化所達到的統一局面。

夫善道存於身❶，無遠而不至，惡行著於□，□□而不去❷。周公躬行禮義，郊祀后稷❸，越裳奉貢重譯而臻❹，麟鳳草木緣化而應❺。殷紂無道❻，微子棄骨肉而亡❼。行善則鳥獸悅，行惡則臣子恐。是以明者可以致遠，鄙者可以□近❽，故《春秋》書衛侯之弟鱄出奔晉❾，書鱄絕骨肉之親，棄大夫之位，越先人之境，附他人之域，窮涉寒飢，織履而食❿，不明之効也。

【章旨】此章言行善者致遠，行惡者必亡。

【注釋】❶善道存於身　宋翔鳳《新語》校本依《治要》作「善道存乎心也」。❷惡行著於□二句　宋翔鳳《新語》校本曰：「『惡行著乎己，無近而不去也』，本作『惡行著於□□□而不去』，並依《治要》改補。《子彙》作『惡行著於身，無遠而不去』。」嚴可均《鐵橋漫稿》曰：「《子彙》此類多以意補。」❸郊祀后稷　於郊外祭天，而以后稷配祀。❹越裳奉貢重譯而臻　謂越裳國帶著貢品，經過幾次輾轉翻譯，來到中原向周朝天子進獻。越裳，古南海國名。❺麟鳳草木緣化而應　此言周公躬行禮義，因而國內出現靈物。麟謂麒麟，鳳謂鳳凰，均為吉祥之物。❻無道　二字原缺，宋翔鳳《新語》校本依《治要》補，此從之。❼微子棄骨肉而亡　謂微子拋開庶兄而遠走他鄉。《論語集解》：「馬曰：『微，國名，子，爵也。微子，紂之庶兄。微子見紂無道，早去之。』」❽鄙者可以□近　宋翔鳳《新語》校本據《治要》作「否者可以失近」。按《治要》近是。「鄙」字似不誤。❾衛侯之弟鱄出奔晉　事見《春秋》襄公二十七年。衛侯，指衛獻公。鱄，《左傳》、《公羊傳》均作「鱄」，《穀梁傳》作「專」。衛獻公曾被逐，由甯喜之力返國，因甯喜專權，復殺之。據《左傳》，衛獻公復國前曾使其弟鱄與甯喜約：「苟反，政由甯氏，祭則寡人。」則是原許甯喜專權，所以甯喜被殺後，鱄以為背信，離開衛國，出奔晉國。此事《左傳》、《公羊傳》均只記其事，未作正面評論，惟《穀梁傳》云：「專之去，合乎春秋。」陸氏下文，本於《穀梁傳》。⑩織履而食　言靠編織鞋子維持生活。《穀梁傳》載衛公子專奔晉後，「織絇邯鄲，終身不言衛」。絇，古時鞋頭上的裝飾，猶今之鞋梁有孔，可以穿結鞋帶。陸氏以履代絇。

【語　譯】凡是本身能體現美好道德的人，遠地方的人沒有不到他這裏來的；邪惡的行為著稱於世的人，就是親近的人也沒有不離開他的。周公親身實行禮義，郊祀后稷以尊始祖，因此，遠在偏僻之地的越裳國也派使者捧著貢品，經輾轉翻譯前來進貢，靈獸、仁鳥、瑞草、佳木也應盛世相繼出現。殷紂無道，就是他的庶兄微子也拋開他而避往他鄉。實行德政，就是飛禽走獸也感到歡悅，邪惡的統治，就是握有大權的臣子也感到恐懼。所以，聖明的君主可以招來遠方的人，邪惡的君主連身邊的人也會失去。因此《春秋》記載衛侯的弟弟鱄，從衛國逃到晉國，說鱄斷絕骨肉之親，拋棄大夫的地位，離開祖先創下的國家，依附在晉國的境內，受盡寒冷飢餓的困苦，靠編織鞋履為生也不反悔，這就是衛侯不明智的結果。

思務第十二（ㄙ ㄨˋ ㄉㄧˋ ㄕˊ ㄦˋ）

【題　解】此篇言聖人為治，當博思廣聽，進退順法，動作合度，而具體之道又應據時勢而變化，且不可墨守成規。

夫長於變者不可窮以詐❶，通於道者不可驚以怪，審於辭❷者不可惑以言，遠❸於義者不可動以利❹。是以君子廣思而博聽❺，進退循法❻，動作合度，聞見欲眾，而采擇欲謹，學問欲博，而行己❼欲敦❽，見邪乃知其直，觀花乃知其實，目不淫炫燿❾之色，耳不亂阿□□□□，□□❿之以晉、楚⓫之富，而志不回⓬，談之以喬⓭、松⓮之壽，而行不易，然後能一其道而定其操，□□□□□□□功⓯。

【章旨】此章言聖人知其所止，故能建功立業。

【注釋】❶窮以詐　用欺騙的手法使之困厄。❷審於辭　謂對言辭有仔細考究。意為善於辭令。❸遠　《子彙》本、《品節》俱作「達」。《治要》注云：「『遠』當作『達』。」❹利　原缺。宋翔鳳《新語》校本據《治要》補作「利」，《子彙》本、傅增湘本、唐晏本、《品節》俱作「利」，今據以補。❺廣思而博聽　宋翔鳳《新語》校本依《治要》改作「博思廣聽」。❻循法　遵守法令。❼博而行己　原缺，宋翔鳳《新語》校本依《治要》補，今從之。❽欲敦　宋翔鳳《新語》校本曰：「宋盛如梓《庶齋老學叢談》引《新語》『遠於義』，『遠』作『達』，『動以』下有『利』字，又作『進退循法度，動作合禮儀』，又作『學問欲博，而行己欲敦』，與《治要》多同。」❾炫燿　同「炫耀」、「炫曜」。光彩明耀。❿耳不亂阿□□□□□□　宋翔鳳《新語》校本作「耳不亂於阿諛之詞，雖利」，並注云：「本『阿』字下缺六字，依《治要》補五字。以上並依《治要》。《子彙》作『耳不亂阿□之聲，是故語』，接下文。別本作『耳不亂阿聲之聲，士人動』，接下文。並不可信。」⓫晉楚　宋翔鳳《新語》校本據《治要》作「齊魯」。唐晏《陸子新語校注》

曰：「《孟子》：『晉、楚之富，不可及也。』是當時有此語。」⑫回　宋翔鳳《新語》校本依《治要》作「移」。⑬喬　指傳說中的仙人王子喬，周靈王的太子，名晉。好吹笙，道士浮丘公引上嵩山修煉二十年，後在緱氏山頂上乘白鶴成仙飛去，劉向《列仙傳》有載。⑭松　傳說中的仙人赤松子，神農時雨師。⑮□□□□□□功　宋翔鳳《新語》校本依《治要》作「致其事而立其功也」。《品節》作「安其身而見其功」。

【語譯】擅長應變的人不會因別人的欺詐而困厄，精通道理的人不會因怪異的事物而驚嚇，善於辭令的人不會因花言巧語而受迷惑，明達大義的人不會為財利所傾動。所以，君子思想寬廣能聽取各方面的意見，進退和動作都符合法度，見聞力求廣博，采擇卻很謹慎，學問力求淵博，自己的行為卻很敦厚，見到邪惡的就知道什麼是正直的，看到花朵就知道會結什麼樣的果實，眼睛不被光彩明耀的色彩所迷惑，耳朵不被阿諛奉承的言辭所混亂，就是用晉國、楚國的財富去引誘也不改變自己的志向，就是用王子喬、赤松子的不死之道去勸誘也不改變自己的行為，只有這樣，才能始終如一地堅持他仁義之道而堅定聖者的品行操守，完成他的事業而建立卓越的功勳。

凡人則不然，目放❶於富貴之榮，耳亂於不死之道❷，故多棄其所長，而求其所短，不❸得其所無❹，而失其所有。是以吳王夫差知度艾陵之可勝❺，而不悟句踐將以破凶也❻。故□□❼或見一利而喪萬機，求一福而致萬禍。

【章　旨】此章言世俗之人謀利而失機，求福而致禍。

【注　釋】❶放　恣縱；放任。❷不死之道　謂長生不死的方法。自戰國以來，人們認為經過修煉或服藥可使此身永存。《史記・秦始皇本紀》：「悉召文學方術士甚眾，欲以興太平。方士欲煉，以求不死之奇藥。」陸氏此言，蓋刺秦皇也。❸不　宋翔鳳《新語》校本注：「本無『不』字，依《治要》補。」❹無　宋翔鳳《新語》校本曰：「本作『亡』，依《治要》改。」❺知度艾陵之可勝　謂事先推測能夠在艾陵打勝仗。《左傳》哀公十一年：「五月，公會吳伐齊。甲戌，齊國書帥師及吳戰於艾陵，齊師敗績。獲齊國書。」杜注：「艾陵，齊地。」❻不悟句踐將以破亡也　《春秋・左傳》哀公十一年載：吳將伐齊，伍子胥諫，謂「越在我心腹之疾也……得志於齊猶獲石四也，無所用之，越不為沼，吳其泯矣」。吳王不聽，其後十年，越卒滅吳，故陸氏謂吳王雖知能勝齊，而不悟越將滅吳。❼故□□　宋翔鳳《新語》校本作「故事」，注曰：「本『故』下缺二字，《治要》有『事』字，無缺。」《品節》「故」連「或」，中間不缺字。

【語　譯】世俗的人就不是這樣，眼睛死盯著富貴的榮耀，耳朵裡灌滿了關於不死的邪說，所以很多人拋棄自己的長處，而去追求自己的短處，沒有得到自己原來沒有的東西，卻把原來有的東西丟失了。因此，吳王夫差只知道奪取齊國的艾陵之地，卻不懂得越王勾踐即將把吳國滅亡了。所以世事就是這樣：只看到一點眼前利益而喪失了許多成功的機會，為謀求某一種幸福而帶來許許多多的災禍。

夫學者❶通於神靈之變化❷，曉於天地之開闔❸，□□□❹弛張，性命之短長，富貴之所在❺，貧賤之所亡，則手足不勞，而耳目不亂，思慮不謬❻，計策不誤，上訣❼是非於天文，其次定狐疑❽於世務，廢興❾有所據，轉移有所守，故道□□□□□❿事可法也。

【章　旨】本章言學者廣思博聽，精通天文世務，故能永立不敗之地。

【注　釋】❶學者　有學問的人。❷神靈之變化　謂天地的變化。神靈，指造化之神。❸天地之開闔　謂天地的變化。❹□□□　《品節》作「人事之」。《子彙》本、唐晏《陸子新語校注》作「□□」。❺性命之短長二句　語本《論語・顏淵》：「死生有命，富貴在天。」《疏》曰：「言人死生短長，各有所稟之命，財富位貴，則在天之所予。」❻謬　原缺，今據《子彙》本、傅增湘校本、《品節》補。❼訣　通「決」。裁決；決斷。❽狐疑　謂多疑。此指疑惑不定之事。❾廢興　本作「興」，此據宋氏校本增。❿□□□□□　《品節》作「可成」。

【語　譯】有學問的人精通天地造化之神的變化，通曉陰陽更替的規律，□□□弛張，了解生命的長短，懂得富貴所在的地方，知道消除貧賤的方法，因而他的行動不會手忙腳亂，耳目視聽也不會被某些現象所迷惑，他的思想謀慮不會發生謬誤，所採取的計策也不會發生差錯，他參考天文判決是非，根據當世的情況確定疑難，不做某事或興辦某事都依據一定的原則，行動的轉移也遵守一定的規律，故道□□□□□事可法也。

昔舜、禹因盛而治世，孔子承衰而作功❶，聖人不空出，賢者不虛生，□□□□□□而歸於善，斯乃天地之法而制其事，則世之便而設其義。故聖人不必同道❷，□□□□□❸，好者不必同色而皆美，醜者不必同狀而皆惡，天地之數，斯命之象❹也。日□□□□□□□□八宿並列，各有所主，萬端異路，千法異形，聖人因其勢而調之❺，使小大不得相踰❻，方圓不得相干❼，分之以度，紀之以節。星不晝見，日不夜照，雷不冬發，霜不夏降❽。臣不凌君❾，則陰不侵陽❿。盛夏不暑，隆冬不霜⓫，黑氣苞日，彗星揚光⓬，虹蜺冬見，蟄蟲⓭夏藏，熒惑⓮亂宿，眾星失行。聖人因天變而正其失，理其端⓯而正其本。

【章　旨】此章言聖人不必同道，貴在因勢利導，因時制宜。

【注　釋】❶孔子承衰而作功　此指孔子厄而作《春秋》。❷聖人不必同道　謂聖人殊途同歸。❸□□□□□□《品節》作「而皆合」。❹命之象　天命的外形。命，天命。象，外形。❺因其勢而調之　謂順著事物本身發展的趨勢而加以調整。❻踰　原缺，今據《子彙》本補。踰，跳過；超越。❼干　干犯；干擾。❽霜不夏降　夏天不可能降霜。❾臣不凌君　謂身為臣子，不能超過本分去侵犯君主。❿陰不侵陽　謂陰陽相得。⓫盛夏不暑二句　謂四序失節，天氣失調。⓬彗星揚光　謂彗星運行，曳長尾而發光。古人認為是不祥之兆。⓭蟄蟲　伏藏在土中過冬的昆蟲。⓮熒惑　火星別名。因隱現不定，故名。⓯理其端　整理事情的頭緒，使其正常發展。

【語　譯】古時候，舜、禹在強盛的基礎上治理國家，使天下太平富足，孔子處在衰落的時代，著書立說，也立下了不朽的功勞，說明聖人不會白白出現，賢者也不會白白降生，□□□□□□而歸於善，這就是借用天地之法來處理人世間的事情，根據當世之所宜來確立什麼是合乎義的。所以，聖人所行的道不一定相同，□□□□□，美好的東西不一定是同一種顏色，卻都是美的；醜惡的東西不一定是一種形狀，卻都是醜的，天地萬物的多少等差，這是自然規律的外在表現，日□□□□□二十八宿並列，它們各有其主管的職能，萬事萬物都有它們不同的發展道路，有千百種法則就有千百種不同的表現，聖人順著各種事物本身發展的趨勢使之互相協調，能夠使小的和大的不得互相超越界線，方的和圓的不得互相混淆，用度數來區分昊天，以確定日月星辰運行的位置，用寒暑晝夜等來記載時節的變換。星辰不會在白天出現，太陽不會在黑夜照射，雷霆不會在冬季發生，寒霜不會在夏天降臨。臣子不侵犯君主，那麼陰氣就不會侵犯陽氣。如果在夏季中而沒有暑熱，冬季中而沒有冰霜，烏雲籠罩著太陽，彗星拖著長尾發出亮光，冬天裡看到了虹蜺，昆蟲在夏季裡到泥土中伏藏，火星占據了心宿的位置，或眾星失去了正常的運行軌道，聖人就根據天象的變化而改正自己的過失，從清理己露頭的現象入手，正本清源。

堯承蚩尤❶之失，而思欽明之道❷，君子見惡於外，則知變於內。桀、紂不暴❸，則湯、武不仁，才惑於眾非者，而改之於□□□□□亂之於朝廷，而匹夫治之於閨門。是以接輿❹、老萊❺所以避世於窮□□□□而遠其尊也。君子行之於幽閒❻，小人厲❼之於士眾。《老子》曰：「上德不德❽。」□□□□□□虛也。

【章　旨】本章言君子能因變以匡世。

【注　釋】❶蚩尤　傳說中東方九黎族首領。其主要活動區在今山東、河南、河北三省交界地帶。據傳他兄弟八十一人，個個獸身人語，銅頭鐵額，常興兵作亂。黃帝聯合炎帝出師征討，戰於涿鹿之野。戰時他能作大霧，使黃帝軍迷失方向。後黃帝發明指南車，才把他擒殺。❷欽明之道　本作「欽□□□」。宋翔鳳《新語》校本曰：「本缺『明之道』三字，依《治要》增。」今從之。❸暴　原缺，據《子彙》本、唐晏本補。傅其湘校本作「道」。❹接輿　春秋時楚人，姓陸，名通，字接輿。昭王時政令無常，乃被髮佯狂不仕，時人謂之楚狂也。❺老萊　即老萊子，春秋時楚人，避世亂，耕於蒙山下，楚王聞其賢，欲用之，遂與其妻至江南，隱居不出，著書十五篇。❻幽閒　謂隱蔽而清靜的地方，意謂隱居。❼厲　奮起；踊起。❽上德不德　語出《老子》三十八章：「上德不德，是以有德。」

【語　譯】堯總結了蚩尤失敗的教訓，而想實行恭敬公明之道。君子看到別人的惡果，就能夠向自己提出警告，隨時糾正自己的差錯。桀、紂如果沒有暴行，就顯不出湯、武的仁愛，才能被眾人的反對所迷惑，而改之於□□□□□□亂之於朝廷，則匹夫在自己的家裏修治其身。所以接輿、老萊子所以避世於窮□□□□□而遠其尊也。君子在隱居時能實行道德，則小人在廣眾之中奮起倣效。《老子》說：「上德之人雖有德而無德名。」□□□□□□虛也。

夫口誦聖人之言，身學賢者之行，久而不弊❶，勞而不廢，雖未為君□□□□□□已。孔子曰：「行夏之時❷，乘殷之輅❸，服❹周之冕❺，樂❻

則「韶」❼「舞」❽，放❾鄭聲❿，遠⓫佞人⓬。」聖人之⓭道而行之於世，雖非堯舜之君，則亦堯、舜也。今之為君者則不然，治不法乎堯舜，而曰⓮今之世不可以道德治也。為臣者不師稷⓯、契⓰、周公之政，則曰今之民不可以仁義正也⓱。為子者不執曾、閔之賢，朝夕不休，盡節⓲不倦，則曰家人不敦⓳也。學者無操回⑳、賜㉑之精㉒，晝夜不懈，循禮而動，則曰世所不行也。自人君至於庶人，未有法聖人而為賢者也㉓。為善者寡，為惡者眾。《易》曰：「豐其屋，蔀其家，闚其戶，闃其无人㉔。」無人者，非無人也，言無聖賢以㉕治之耳。

【章旨】此章言人人都可成為聖賢，關鍵在於是否按聖賢之道躬行實踐和賢聖之君為之倡導。

【注釋】❶弊　疲困。❷行夏之時　語出《論語・衛靈公》。夏以建寅之月為每年的第一個月，春、夏、秋、冬四季，都能合乎自然現象。❸輅　商代木製的車輛，質樸而堅實。❹服　作動詞用，戴的意思。❺冕　禮帽，周朝的禮帽比以前華美。❻樂　音樂。❼韶　舜時的音樂。❽舞　同「武」。周武王時的音樂。❾放　捨棄。❿鄭聲　指鄭國的樂曲。⓫遠　斥退的意思。⓬佞人　善於口辯、諂媚的小人。⓭聖人之　原缺，今從天一閣本、傅增湘本、唐晏本補入。⓮治不法乎堯舜而曰　「乎堯舜」三字原缺，宋翔鳳《新語》校本據《治要》作「治不以五帝之術，則曰」。《子彙》本、天一閣本、傅其湘校本、唐晏本均作「治不法乎堯、舜，而曰」。今據補。⓯稷　后稷，周的先祖，為舜農官，封於郜。⑯契　傳說中商的始祖名，舜時助禹治水有功，任為司徒，封於商。⑰仁義正也　本缺此四字，宋翔鳳《新語》校本據《治要》補，此從之。《子彙》本、天一閣本、傅其湘校本、唐晏本俱作「禮義化也」。⑱盡節　盡心竭力，保全節操。⑲敦　唐晏《陸子新語校注》曰：「『敦』乃『惇』之叚借，厚也。」⑳回　指顏回，見前注。㉑賜　指端木賜，字子貢，春秋時衛國人。孔子得意門人。利口巧舌，以言語見稱，有干濟才，孔子許為瑚璉之器。㉒精　精誠；純一。回賜之精，原缺此四字，宋翔鳳《新語》校本據《治要》補，此從之。㉓未有法聖人而為賢者也　本作「未有法聖人□□□□□」，此依宋翔鳳《新語》校本補。宋氏曰：「『未有不法聖道而為賢者也』，本作『未有法聖人』下缺五字，下又有『為要者寡，為惡者眾』八字，依《治要》補改。」㉔豐其屋四句　此《易．豐卦》上六爻辭。蔀，院中架木，上覆以席，所覆之席曰蔀，用席覆蓋亦稱蔀。闃，同「闃」。寂靜。㉕無人者非無人也言無聖賢以　此十二字原作「□□□□□」，此依宋翔鳳《新語》校本。宋氏曰：「『闃其無人。無人者，非無人也，言無聖賢以治之耳』，『闃其無人』下，本缺四字，直接下文『治之耳』，今依《治要》改補。」

【語　譯】 誦讀聖人的言語，倣效賢者的行為，長期堅持而不厭倦，即使勞苦也不停止，雖未為君□□□□□已。孔子說：「時令節氣當以夏代的曆法為基準，乘坐的車子當以殷代的大輅為標準，戴的帽子當以周代的冕為式樣，樂曲就要以舜帝的「韶樂」和周武王的「武樂」為楷模，應當放棄鄭國衛國的樂曲，遠離奸佞的人。」聖人之道如果能夠行之於世，雖然不是堯、舜本身，但也是堯、舜般的君王了。現在做君王的卻不是這樣，治理國家不效法堯、舜，卻說今天的社會不可能用道德來治理了。當臣子的人不學習稷、契、周公的政治措施，卻說現在的老百姓不可能用仁義去教化他們。做兒子的不像賢人曾子、閔子騫那樣，早晚侍奉父母，盡心竭力，毫不怠倦，卻說家裡的人不厚道。學者沒有顏回、端木賜那種精誠專一的治學精神，晝夜堅持不懈，行動都遵照禮法，卻說世道衰微，不可救藥了。這樣，從君王到普通的百姓，就沒有一個效法聖人而成為賢者的了。做好人好事的極少，做壞人壞事的卻很多。《周易》說：「屋子築得很厚實，家裏又有席子掩蔽著，窺看他的門戶，則寂靜而沒有人。」這裡說沒有人，並不是說沒有一般的人，而是說沒有作為聖賢的人來進行管理。

故仁者在位而仁人來，義士在朝而義士至。是以墨子之門多勇士❶，仲尼❷之門多道德，文武之朝多賢良❸，秦王之庭多不祥。故善者必有所主而至，惡者必有所因而來。善惡不空出，禍福不妄作，唯心之所向，志之所行而已矣❹。

【章　旨】此章言物以類聚，人以群分。

【注　釋】❶墨子之門多勇士　原缺「勇士」二字，依宋翔鳳《新語》校本補。《淮南子・泰族》：「墨子服役者百八十人，可使赴火蹈刃，死不旋踵。」❷仲尼　原缺，依宋翔鳳《新語》校本補。《子彙》本、天一閣本、唐晏本作「聖賢」。❸文武之朝多賢良　謂文王、武王的朝代有很多的賢良之士。❹矣　原缺。依宋翔鳳《新語》校本補。

【語　譯】所以仁者在權要之位，其他的仁人就會來到他的身邊，義士在朝廷，其他的義士也會跟著來到。所以墨子的弟子多是勇敢的人，孔子的弟子多是有道德的人，文王、武王的朝廷裡多是賢良的臣子，而秦始皇的朝廷多是不祥的徵兆。因此，善良的人必定是有好的君主才會聚集，邪惡的人也必定是有某種原因才會來到。善的惡的不會憑空而來，災禍幸福也不會無故產生，只是人們心裏的趨向和意志的表現不同而已。

古籍今注新譯叢書書目

中國人的第一次——
絕無僅有的知識豐收、視覺享受
集兩岸學者智慧菁華
推陳出新　字字珠璣　案頭最佳讀物

【哲學類】

書名	注譯	校閱
新譯人物志	陳菊先	
新譯尹文子	徐忠良	黃俊郎
新譯抱朴子	李中華	黃志民

書名	注譯	校閱
新譯淮南子	熊禮匯	侯迺慧
新譯潛夫論	彭丙成	
新譯鄧析子	徐忠良	
新譯燕丹子	曹海東	李振興
新譯韓非子	賴炎元	

書名	注譯	校閱
	傅武光	
新譯尸子讀本	水渭松	
新譯四書讀本	謝冰瑩	
	邱燮友	
	李鍌	
	劉正浩	
	賴炎元	
	陳滿銘	
新譯申鑒讀本	林家驪	周鳳五
	周明初	
新譯老子讀本	余培林	
新譯列子讀本	莊萬壽	
新譯孝經讀本	賴炎元	
	黃俊郎	
新譯易經讀本	郭建勳	黃俊郎
新譯荀子讀本	王忠林	

書名	注譯	校閱
新譯莊子讀本	黃錦鋐	
新譯新書讀本	饒東原	
新譯新語讀本	王毅	黃俊郎
新譯管子讀本	湯孝純	李振興
新譯墨子讀本	李生龍	李振興
新譯論衡讀本	蔡鎮楚	周鳳五
新譯禮記讀本	姜義華	
新譯孔子家語	羊春秋	周鳳五
新譯公孫龍子	丁成泉	黃志民
新譯老子解義	吳怡	
新譯呂氏春秋	朱永嘉	黃志民
	蕭木	
新譯晏子春秋	陶梅生	
新譯明夷待訪錄	李廣柏	李振興

書名	注譯	校閱
新譯千家詩	邱燮友	
	劉正浩	
新譯搜神記	黃　鈞	陳滿銘
新譯薑齋集	平慧善	
新譯昭明文選	崔富章	陳滿銘
	朱宏達	沈秋雄
	周啟成	黃俊郎
	張金泉	黃志民
	水渭松	周鳳五
	伍方南	高桂惠
新譯漢賦讀本	簡宗梧	
新譯楚辭讀本	傅錫壬	
新譯人間詞話	馬自毅	高桂惠
新譯文心雕龍	羅立乾	李振興
新譯世說新語	邱燮友	

書名	注譯	校閱
	劉正浩	
	陳滿銘	
	許錟輝	
	黃俊郎	
新譯古文觀止	謝冰瑩	
	邱燮友	
	林明波	
	左松超	
	應裕康	
	黃俊郎	
	傅武光	
新譯江文通集	羅立乾	
新譯阮步兵集	林家驪	
新譯春秋繁露	姜昆武	
新譯曹子建集	曹海東	
新譯陸士衡集	王雲路	
新譯陶淵明集	溫洪隆	

書名	注譯	校閱
新譯陶庵夢憶	李廣柏	
新譯揚子雲集	葉幼明	
新譯嵇中散集	崔富章	
新譯賈長沙集	林家驪	
新譯橫渠文存	張金泉	
新譯顧亭林集	劉九洲	
新譯元曲三百首	賴橋本 林玫儀	
新譯宋詞三百首	汪　中	
新譯唐詩三百首	邱燮友	
新譯諸葛丞相集	盧烈紅	
新譯駱賓王文集	黃清泉	
新譯昌黎先生文集	周啟成 周維德	
新譯范文正公文集	王興華 沈松勤	

【歷史類】

書名	注譯	校閱
新譯列女傳	黃清泉	陳滿銘
新譯越絕書	劉建國	
新譯戰國策	溫洪隆	陳滿銘
新譯尚書讀本	吳　璵	
新譯國語讀本	易中天	侯迺慧
新譯新序讀本	葉幼明	黃沛榮
新譯說苑讀本	左松超	
新譯說苑讀本	羅少卿	周鳳五
新譯西京雜記	曹海東	李振興
新譯吳越春秋	黃仁生	李振興
新譯東萊博議	李振興 簡宗梧	

【軍事類】

書名	注譯	校閱
新譯司馬法	王雲路	
新譯尉繚子	張金泉	
新譯三略讀本	傅　傑	
新譯六韜讀本	鄔錫非	
新譯吳子讀本	王雲路	
新譯孫子讀本	吳仁傑	
新譯李衛公問對	鄔錫非	

【政事類】

書名	注譯	校閱
新譯商君書	貝遠辰	
新譯鹽鐵論	盧烈紅	黃志民
新譯貞觀政要	許道勳	陳滿銘

【教育類】

書名	注譯	校閱
新譯三字經	黃沛榮	
新譯幼學瓊林	馬自毅	陳滿銘
新譯顏氏家訓	李振興 黃沛榮 賴明德	

【地志類】

書名	注譯	校閱
新譯洛陽伽藍記	劉九洲	侯迺慧

◇新譯孝經讀本／賴炎元 黃俊郎 注譯
◇新譯呂氏春秋／朱永嘉 蕭　木 注譯／黃志民校閱
◇新譯李衛公問對／鄔錫非注譯
◇新譯尚書讀本／吳　璵注譯
◇新譯抱朴子／李中華注譯／黃志民校閱
◇新譯易經讀本／郭建勳注譯／黃俊郎校閱
◇新譯明夷待訪錄／李廣柏注譯／李振興校閱
◇新譯東萊博議／李振興 簡宗梧 注譯
◇新譯昌黎先生文集／周啓成 周維德 注譯
◇新譯范文正公文集／王興華　沈松勤注譯
◇新譯昭明文選／崔富章　朱宏達　周啓成 張金泉　水渭松　伍方南 注譯／陳滿銘　沈秋雄　黃俊郎 黃志民　周鳳五　高桂惠 校閱
◇新譯春秋繁露／姜昆武注譯
◇新譯貞觀政要／許道勳注譯／陳滿銘校閱
◇新譯洛陽伽藍記／劉九洲注譯／侯迺慧校閱
◇新譯晏子春秋／陶梅生注譯
◇新譯唐詩三百首／邱燮友注譯
◇新譯孫子讀本／吳仁傑注譯
◇新譯商君書／貝遠辰注譯
◇新譯尉繚子／張金泉注譯
◇新譯曹子建集／曹海東注譯
◇新譯陸士衡集／王雲路注譯
◇新譯陶淵明集／溫洪隆注譯
◇新譯淮南子／熊禮滙注譯／侯迺慧校閱
◇新譯國語讀本／易中天注譯／侯迺慧校閱
◇新譯荀子讀本／王忠林注譯
◇新譯越絕書／劉建國注譯
◇新譯揚子雲集／葉幼明注譯
◇新譯嵇中散集／崔富章注譯
◇新譯賈長沙集／林家驪注譯
◇新譯搜神記／黃　鈞注譯／陳滿銘校閱
◇新譯莊子讀本／黃錦鋐注譯
◇新譯楚辭讀本／傅錫壬注譯
◇新譯新語讀本／王　毅注譯／黃俊郎校閱
◇新譯新序讀本／葉幼明注譯／黃沛榮校閱
◇新譯新書讀本／饒東原注譯
◇新譯說苑讀本／羅少卿注譯／周鳳五校閱
◇新譯說苑讀本／左松超注譯
◇新譯管子讀本／湯孝純注譯／李振興校閱
◇新譯墨子讀本／李生龍注譯／李振興校閱
◇新譯橫渠文存／張金泉注譯
◇新譯漢賦讀本／簡宗梧注譯
◇新譯鄧析子／徐忠良注譯
◇新譯諸葛丞相集／盧烈紅注譯
◇新譯論衡讀本／蔡鎮楚注譯／周鳳五校閱
◇新譯潛夫論／彭丙成注譯
◇新譯燕丹子／曹海東注譯／李振興校閱
◇新譯駱賓王文集／黃清泉注譯
◇新譯戰國策／溫洪隆注譯／陳滿銘校閱
◇新譯韓非子／賴炎元　傅武光注譯
◇新譯禮記讀本／姜義華注譯
◇新譯薑齋集／平慧善注譯
◇新譯顧亭林集／劉九洲注譯
◇新譯鹽鐵論／盧烈紅注譯／黃志民校閱
◇新譯顏氏家訓／李振興 黃沛榮 賴明德 注譯

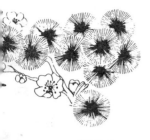